Chris. Burg.

Mein Glaube

braucht keine Religion

Erkenntnisse und Kurzgeschichten
aus einem langen Leben

Inhaltsverzeichnis **Seite**
Vorwort 5
Glauben heißt Vertrauen 7
Beten hab ich früh gelernt 12
Sie nannten mich Sperlepieps 24
Mischwitz 36
Lehre – Liebe 44
Hausfrau und Mutter 59
Einstieg ins Berufsleben 64
Weihnachten 1967 69
Weihnachten 1969 72
Mit Hilfe meiner Mutter 74
Ein ganz normales Familienleben 76
So weit wie das Meer 80
Das Silberkettchen 87
Ein ganz neues Leben 93
Urlaub in Kroatien 95
Geschichten aus Bayern
Mit dem Rad`l um den See 103
Die Pressekonferenz 113
Der 1. Mai 1993 124
Im Ruhestand 129
Das Jahrhunderthochwasser 131
Der Tod greift nach meiner… 148
Im Forum für Senioren 154
Advent 2008 155
Himmlischer Schutz bei Unfällen 159
Und wieder naht die Weihnachtszeit 165
Ich war im Osten und im Westen 166
Bisherige Veröffentlichungen 167
Impressum 168

Vorwort

"Schade, dass du nicht mehr schreibst", sagte einmal meine Tochter.
„Schade, dass du nicht mehr schreibst, du hattest mal so gut angefangen, ich habe eine ganze Mappe deiner Geschichten", sagte auch mein Schwiegersohn.
„Deine Erzählungen lese ich immer gern, schreib doch mal ein Buch!" sagte kürzlich erst mein Cousin, aber...
"Alle möglichen Leute schreiben Bücher", sagt geringschätzig meine Schwester und *„In Buchläden wird man von den Regalen voller Bücher regelrecht erschlagen."*
In einer Begegnungsstätte für Senioren hatte ich vor Jahren den Vorschlag gemacht, dass mir die Frauen ihre Geschichten erzählen und ich ein Buch daraus mache. Eine Freundin meinte:
„Meine Erlebnisse – schon seit der Kindheit – sind nicht sehr erfreulich, ich möchte mich lieber nicht daran erinnern!"
Aber, Wer und Was macht uns Menschen denn Probleme?

Warum sorgen wir uns ständig, statt zu vertrauen und uns führen zu lassen? Ich glaube schon, dass man hin und wieder darüber nachdenken sollte, und wenn es anderen helfen könnte, eben auch seine Erfahrungen mitzuteilen. Es sind nicht zuletzt die politischen Ereignisse in Europa, die mich nun bewegt haben, einen Teil meiner Aufzeichnungen zu überarbeiten und in einem Buch zu veröffentlichen; und nicht zuletzt ist es die Sorge um die Menschheit, dass ich wieder jeden Tag **Bete - Hoffe – Glaube!**

„Gib lieber Gott uns die Kraft -
Wenden wir uns dem Guten zu -
Und geben dem Bösen keine Macht"

Meißen, im Oktober 2015

GLAUBEN heißt Vertrauen ohne etwas sicher zu wissen. Ich glaube nicht alles, halte aber alles für möglich.
Das Leben hat mich Glauben gelehrt!
Durch Beten, Bitten und Danken fühlt man sich beschützt, **ge**führt vom Guten.

Wenn ein Mensch Dreivierteljahrhundert auf der Erde weilt, hat er viel erlebt, gehört, gesehen, gelesen.
Mein Leben hatte viele Straßen, manchen Umweg, auch Irrwege.
Vor zwei Jahren sagte ein Arzt vor einer Hüftoperation zu mir:
„Bei Ihrem Allgemeinbefinden leben Sie noch mindestens 20 Jahre!"
Und genau so fühle ich mich noch heute.
Dafür sage ich täglich „Danke!"
Was ich vom Leben noch erhoffe:
FRIEDEN für meine Familie und für alle Menschen, die guten Willens sind.
Von der Zukunft erhoffe ich in meinem Alter nichts mehr.
Ich lebe jeden Tag der Gegenwart in Achtsamkeit – am liebsten in der Natur.
Ich umarme Bäume. spüre die Kraft und Gelassenheit, die sie ausströmen. Ich freu mich an den so vielfältigen Formen, Farben und dem Duft von Blumen, aber

auch Kräuter, die manche als Unkraut abtun, schätze ich wert - seit diesem Sommer ganz besonders. Dieser Sommer war so reich an Früchten. Ich danke für die Ernte in meinem Garten und auch für alles, was ich beim Wandern unter wilden Bäumen aufsammeln durfte.
Für meine Vergangenheit – ohne schwere Schicksalsschläge – danke ich Gott und meinen Schutzengeln.
An Schutzengel glaube ich nicht nur, da bin ich mir sogar sicher, dass sie uns beschützen. Und ich glaube an die Kraft des Geistes –an Gedankenübertragung – auch auf Gegenstände...
Ich habe zwei Autocrash`s unbeschadet überlebt und erinnere mich an Situationen, wo meine Kinder in Gefahr waren, ihnen aber nichts geschah.
Immer wieder sage ich dafür „Danke!"

Manchmal habe ich ein Weh im Herzen und möchte meine kleinen Kinder noch einmal in die Arme nehmen – aber dann denke ich:
„Die Kleinen stecken ja in den Großen noch drin!" ☺ Ich liebe sie über alles!

Meine Familie kennt meine Geschichten. Ich schreibe seit meinem 50. Lebensjahr – in letzter Zeit weniger. Dafür lese ich wieder viel – mit Vorliebe Philosophisches – zum Beispiel von Kurt Tepperwein, der hat so etwas Großartiges in einem Interview gesagt: „...Es sollte einen Führerschein geben für das Leben...!" Verhaltensmaßregeln für den Start ins Leben – ja, das wäre notwendig! Wenn auch alles vom Schicksal vorbestimmt scheint, so kommen wir doch alle und immer wieder in Situationen, wo man sich entscheiden muss. Eine falsche Entscheidung kann unser ganzes Leben durcheinander bringen. Aber woher soll man wissen, was falsch oder richtig ist? Erst wenn wir unser Leben gelebt habe, wissen wir, wo wir Fehler gemacht haben. Dann ist es leider zu spät.
Jede Generation macht ihre eigenen Erfahrungen, hört nicht so gerne auf Ermahnungen. Die Jungen sagen: „Das war früher so, heute ist eine andere Zeit " Sie wissen alles besser, aber seltsamerweise werden die Menschen nicht lebensweiser.

Als Schulkinder haben wir Poesiealben ausgetauscht und gegenseitig kluge Sprüche hineingeschrieben – so überlieferte Volksweisheiten – hin und wieder erinnere ich mich:
„Willst du glücklich sein im Leben, trage bei zu anderer Glück, denn die Freude, die wir geben, kehrt ins eigene Herz zurück"
oder
„Was du nicht willst, das man dir tu – das füg` auch keinem anderen zu"
Wenn wir Menschen danach handeln würden, gäbe es weniger Herzleid und nicht so viele geschädigte „Scheidungskinder", glaube ich!

Das schlimmste Weh – die Erfahrung habe ich gemacht – ist das, welches man einem anderen geliebten Menschen zugefügt hat; wenn man erkennt, dass es ein Fehler war, den man nicht mehr gut machen kann!

Besonders schwierig wird es - das weiß ich aus eigener Erfahrung - wenn beide sehr liebenswerte Eigenschaften haben aber auch solche, mit denen der andere nicht gut leben kann. Nach einer Trennung verdrängt das Bewusstsein alles Arge, nach allen liebenswerten Eigenschaften aber erwacht die Sehnsucht und das Gewissen lässt dann keine Ruhe...

Wer es schafft, den geliebten Menschen mit all seinen Eigenarten anzunehmen, hat die besten Chancen glücklich zu werden.
„...in Guten wie in Schlechten Zeiten..."
und bis an das Lebensende gemeinsam - in Frieden miteinander sein – warum gelingt das so selten?
„Ohne Achtung hat die Liebe keinen Wert, ohne Vertrauen keine Freude!"
Das sollte den Menschen ins Herz geschrieben werden.
Nur wenn die Familie – als kleinste aber wichtigste Zelle der Gesellschaft – gesundet, kann die Menschheit überleben. Seien wir uns der Verantwortung bewusst!

Beten hab ich früh gelernt

Im Kriegsjahr 1939 als drittes Kind des arbeitslosen Eisenbahners Georg Sperling und dessen Ehefrau Frieda geboren, deren Ehe geschieden wurde, als ich drei Jahre alt war, meine Schwester neun, mein Bruder zwölf, war eine entsagungsvolle Kindheit praktisch vorprogrammiert.
Wir lebten damals in der Dresdner Altstadt in einer Zweizimmerwohnung ohne Bad, mit Außentoilette, im vierten Stock, in einem alten grauen Miethaus auf der Güterbahnhofstraße. Unsere Nachbarn waren Frau Vogel, die alleinerziehende Mutter zweier Kinder; das Ehepaar Kranich, die zwei Wellensittiche in einem großen Käfig hielten, was mich sehr beeindruckte, und ein unangenehmer Mensch, der meinen Eltern den Hitlergruß aufzwingen wollte, was diese aber ignorierten. Mein Vater hatte als Kind unter der Knute eines Großbauern gelitten, bei dem er ab seinem elften Lebensjahr als Pferdejunge leben und arbeiten musste.
Bevor ich geboren wurde, wohnten meine Eltern und Geschwister in einer

Kellerwohnung bei den „Herrschaften", Herrn und Frau Einenkel. Vater war dort Hausmeister, Mutter putzte für die „Gnä` Frau". Mein Bruder durfte manchmal mit dem verwöhnten Söhnchen des Ehepaares speisen, damit „das liebe Kind" Gesellschaft hatte, weil es dann „sein Süppchen aufaß". Das alles weiß ich nur aus Erzählungen, denen ich gespannt lauschte, wenn unsere Familie in den Nachkriegsjahren bei Kerzenschein – wegen des häufigen Stromausfalls – gemütlich zusammensaß – um einen runden Tisch herum, der in der Küche stand, weil im Wohnzimmer kein Platz dafür war, weil dort die Eltern schliefen.
Bewusst erinnere ich mich an Erlebnisse etwa ab meinem dritten Lebensjahr, wahrscheinlich deshalb, weil so schlimme Dinge geschahen wie die Scheidung unserer Eltern, nachdem diese sich oft gestritten hatten. Ich habe schrecklich darunter gelitten – vor allem unter der Trennung von meiner Mutter, bei der ich nur kurze Zeit nach der Scheidung lebte, bis ich krank wurde und der Kindergarten mich nicht mehr aufnahm.

Da meine Mutter ihren Lebensunterhalt selbst verdienen musste, kam ich bald zum Vater, bei dem auch meine Geschwister lebten. Er war inzwischen wieder verheiratet mit einer kinderlosen Erzieherin, die – elternlos -. in einem Kinderheim aufgewachsen war. Diese liebe Frau hat mit uns Kindern fromme Lieder gesungen:
„So nimm denn meine Hände und führe mich bis an mein selig` Ende und ewiglich. Ich kann allein nicht gehen, nicht einen Schritt, wo du wirst gehen und stehen, da nimm mich mit" oder
„Jesu geh` voran auf der Lebensbahn..."
Sie betete mit uns jeden Tag – vor jeder Mahlzeit:
„Komm, Herr Jesu, sei unser Gast und segne, was du uns bescheret hast" und abends vor dem Einschlafen das *„Vaterunser"*.
Auf diese Weise wurde ein guter Samen in mein Herz gelegt.
Wenn Lotte-Mutti aus ihrer Kindheit in einem Kirchlichen Heim erzählte, lauschte ich gespannt. Noch heute hege ich Antipathie gegen so falsche Menschen, die „im Namen Gottes" Kinder misshandelten.

Mancher Junge musste als Strafe auf einem Erbsensack knien – das muss man sich mal vorstellen! Lotte war sicher ein braves Mädchen, dennoch hat sie so Eigenheiten gehabt, die sie sicherlich selbst erfahren musste:
Also ich war ja – als Scheidungskind – etwas zappelig ☺ Wenn ich an ihrer Hand lief und so rumhampelte, dann drückte sie meine Hand auf eine Art, dass die Mittelhandknochen gegeneinander drückten - Autsch!
Ich spüre das heute noch.
Wenn ich manchmal nachts - in Gedanken - mit ihr rede, dann sage ich ihr, dass ich sie sehr lieb hatte, auch wenn ich in solchen Momenten dachte: „Stiefmutter!" Dass ich noch an sie denke, drückt meinen Dank aus für die sechs Jahre, in den sie für mich und meine Geschwister gesorgt hat. In Kirchen ist sie mit uns nicht gegangen. Ihr Glaube kam aus reinem Herzen - aus der Liebe zur Natur, denke ich.
Die kurze Zeit bei meiner leiblichen Mutter ist mir sehr deutlich in Erinnerung, das heißt, ich habe die Erinnerungen bis heute wach gehalten.

Wir wohnten *möbliert* bei einer netten alten Dame und hatten nur ein Bett. Vor dem Einschlafen – an meine Mutter gekuschelt - faltete ich meine kleinen Händchen und betete:
„Ich bin klein, mein Herz ist rein, soll niemand drin wohnen als Jesu allein."
Manchmal kam ein Soldat zu Besuch, der Toni. Er hätte Mutti geheiratet und auch mich mitgenommen nach Bayern. Das Schicksal hat es anders gewollt – später! Meine Mutter arbeitete in der Technischen Hochschule Dresden und brachte mich jeden Morgen in den Kindergarten auf der Reitbahnstraße. Einmal sperrte mich die Erzieherin mit einer schwarzen Katze in einen dunklen Raum, weil ich die eklige fette Graupensuppe nicht essen wollte. Das erzählte ich meiner Mutter und sie brachte mich in den Kindergarten gegenüber dem Friedrichstädter Krankenhaus. Das Haus steht heute noch. An diese Einrichtung habe ich mich gern zurückerinnert und wohl deshalb Einzelheiten im Gedächtnis behalten: Es ist Frühling, Mutter und ich schlendern durch den Park.

Vogelgezwitscher und süßer Fliederduft erfüllen die Luft...Wir kommen an einem Bäckerladen vorbei – das heißt, daran vorbei kam Mutter nicht, ohne mir ein „Süßes Teil" zu kaufen, ich wurde sonst bockig, stampfte mit dem Fuß auf, was zur Folge hatte, dass ich meinen Willen durchsetzte.
Das Eingangsportal des Friedrichstädter Krankenhauses säumen zwei in Sandstein gemeißelte lebensgroße Löwen, die mir damals Respekt einflößten. Furcht hatte ich vor einer lebendigen Schildkröte, die ein großer Junge jeden Tag mitbrachte und mir auf den Kopf setzen wollte, was Frau Griesbach, die Erzieherin verhinderte, indem sie mir ihre große Schürze über den Kopf spannte. Ich kann mir die Einrichtung des Kindergartens noch bildlich vorstellen: Den Schlafsaal mit den kleinen blauen Liegen, beim Mittagsschlaf wurde ein Taschentuch über die Augen gelegt. Selbst solche Kleinigkeiten sind mir noch bewusst! Die Sanitärräume mit den niedrig angebrachten Wasch- und Toilettenbecken.

Vor allem aber die riesigen Spielzeugkisten mit allem, was ein Kinderherz begehrt.
Mein Lieblingsspielzeug waren die bunten Fachwerkhäuschen und Holztiere, die Murmeln und Baukästen. Erstaunlich, dass ich diese Einzelheiten über die Jahrzehnte hinweg im Gedächtnis gespeichert habe wie auch Erlebnisse verschiedenster Art. Bis zu meinem fünften Lebensjahr sind das keine zusammenhängenden Erinnerungen – immer nur kleine Episoden – durch Erzählungen in der Familie lebendig erhalten – wie Bruchteile aus einem Film: Meine Mutter trägt mich auf dem Arm die Treppe hinab – oben an der Tür stehen – weinend – meine Geschwister. Ich war zu klein um begreifen zu können, welches Leid diese empfanden, als unsere Familie auseinandergerissen wurde. Etwa ein halbes Jahr später kam ich in die Familie zurück, zu der nun Lotte-Mutti gehörte, die geduldig meine Krankheit mit Kamille heilte und uns eine gute Erziehung zuteil werden ließ. Sie spielte und sang mit uns.

Sie war mit 39 Jahren noch ledig, kinderlos und unserer Mutter dankbar, dass sie durch die Scheidung unseren Vater zum Mann bekommen hatte - kurios!
Wenn sie uns Kinder – was selten geschah – schalt oder bestrafte, nannten wir sie heimlich „Stiefmutter". Wie ungerecht das war, begriffen wir viel später, als es sie nicht mehr gab. Die Nachkriegszeit mit Hunger und Krankheit überstand sie nicht. Die besseren Zeiten, wovon sie oft gesprochen hatte, sollte sie nicht mehr erleben. Im Januar 1947 wurde sie von einer Lungen- und Rippenfellentzündung und den damit verbundenen Schmerzen erlöst. Das war so unbegreiflich, weil sie mit uns das Schlimmste überstanden hatte, was man sich vorstellen kann: Den Bombenangriff auf Dresden, bei dem meine Eltern nicht nur das Dach überm Kopf verloren, sondern alles, was sie bis dahin erarbeitet hatten. Mein Vater rettete in jener Schreckensnacht das nackte Leben seiner Familie!
Wie die zarte blonde Frau es – trotz ihres Asthmaleidens – schaffte, uns Kinder über die harte Zeit zu bringen, als Vater

an der Front war, ist mir ein Rätsel. Meine sechs Jahre ältere Schwester half ihr sehr dabei. Der Abend, als Vater von der Front zurück kam, steht mir noch deutlich vor Augen: Im Wohnzimmer brannte die Deckenbeleuchtung und breitete helles Licht über die weißen Schleiflackschlafzimmermöbel, die an der linken Zimmerwand standen, rechts neben dem Fenster stand ein Vertiko mit Nippes und einer Spreewaldpuppe, die mir der Weihnachtsmann gebracht hatte; davor ein Sofa mit Ausziehtisch, daneben die Tür zum Kinderschlafzimmer. Vor dem großen Kachelofen badete meine Schwester in einer Zinkbadewanne, ich saß auf dem Sofa und Lotte-Mutti föhnte mein Haar... Plötzlich klingelte es! Die Lotte-Mutti ging öffnen – wir hörten einen Schrei – dann sahen wir einen „Schwarzen Mann" – unseren Vater! Er war mit anderen Soldaten in einem Panzer von Jugoslawien nach Hause durchgekommen. Der verheerende Krieg näherte sich dem Ende, doch vorher erlebten wir die Hölle: ... Jede Nacht Fliegeralarm, jede Nacht wurde ich aus meinem warmen Bett gerissen und in

den dunklen muffigen Luftschutzkeller gebracht. Wie aufgescheuchte Hühner, unvollständig bekleidet – flüchteten alle Hausbewohner dahin. Ringsum an den Wänden standen notdürftig gezimmerte Holzbänke, darauf kauerten ängstlich die Mütter mit ihren wimmernden Kindern – Aufatmen, wenn die Entwarnung ertönte – angstvolle Tage, in denen mancher Erwachsene die Nerven verlor, die jedoch auch bei uns Kindern bleibende Schäden hinterließen – unbewältigte Ängste – schlaflose Nächte über Jahre hinweg!
Neben der Tür zum Flur stand rechts eine Bank mit dem Esstisch davor und daneben eine Anrichte mit Schubfächern, wo die leckeren Sachen aufbewahrt wurden, auch die schokoladenüberzogenen Lebkuchen, sie hießen Schokoladenbomben

Die echten Bomben fielen am 13. Februar auf Dresden!
Es war eine Nacht wie viele vorher.
Mein Vater war zur Nachtschicht auf dem Hauptbahnhof, Lotte-Mutti hatte einen Asthmaanfall.

Da ertönten die Sirenen - diese schrillen auf - und abschwellenden Töne gingen durch Mark und Bein. Meine Schwester zog mir - weinend und in panischer Angst - die Kleider über.
Mein Bruder trug mich huckepack hinunter in den Keller. Draußen tobte das Inferno – plötzlich war unser Vater da! Dann die Nachricht: „Die oberen Wohnungen brennen!"
Bevor wir unser Zu Hause für immer verließen, hasteten mein Vater und mein Bruder die vier Treppen hinauf in die brennende Wohnung, um die wichtigsten Sachen zu holen.
Lotte-Mutti, meine Schwester und ich warteten voll Ungeduld auf ihre Rückkehr. Um uns herum das Dröhnen der Tiefflieger – das Krachen der eingeschlagenen Bomben – das Klirren der Kellertüren, die gestammelten Gebete der Mütter und das angstvolle Jammern der kleinen Kinder – wie könnte man das jemals vergessen? Wie können solche Verbrechen verjähren? Wie können Menschen so etwas verantworten?

Meine Eltern und Geschwister stolperten in Panik die Kellertreppen hinauf – unsicher in welche Richtung sie fliehen konnten, Im Hof und auf der Straße schlängelten sich brennende Phosphorkörper...
Mein Vater und mein Bruder haben mich abwechselnd getragen. Lotte-Mutti hatte mir ein grünes Chiffontuch vor die Augen gebunden. So hörte ich nur die Schreie der verwundeten – sterbenden Menschen –und begriff ja nicht, was um mich herum geschah!
Viele Hausbewohner blieben im Keller hocken, sie kamen alle ums Leben. Unsere Familie kam wie durch ein Wunder mit dem Leben davon.

Sie nannten mich „Sperlepieps"

1945 wurde ich eingeschult. Das grüne Chiffontuch – durchlöchert von Brandflecken - trug ich im Ranzen und zeigte es wichtigtuerisch meinen Mitschülern mit der Bemerkung:
„Da ist mir ein brennender Balken auf den Kopf gefallen!" Das war in der 8. Grundschule am Moritzburger Platz, wo mich meine Klassenkameraden „Sperlepieps" nannten. Wir bewohnten inzwischen auf der Moritzburger Straße eine möblierte Zweizimmerwohnung. Bis dahin hatte unsere Familie acht Winter-Wochen bei Verwandten in einem Sommerhäusl im Bilsbad *gehaust*.
In der Not rücken die Menschen zusammen!
Nun hatten wir wieder ein Zu Hause! Irgendwie ging das Leben weiter. Woher die Erwachsenen den Mut nahmen? Es herrschte das absolute Chaos! Überall Ruinen, Schutt und Asche . Der Geruch verbrannter Lumpen hing wochenlang über der Stadt. Es gab nichts zu kaufen – nichts zu Essen. Alles, was man zum Überleben brauchte, wurde irgendwie „organisiert"...

Nachdem in unserer Straße ein Lebensmittelladen geplündert worden war, stand auch in unserem Bad ein Sack Mehl, ein Sack Zucker, ein Eimer Honig und Milchpulver.
Mein Onkel, der Bruder meines Vaters - auch wir hatten Familienangehörige bei uns aufgenommen - legte den Finger an die Lippen: „Pssst!", wenn einer fragte, woher die leckeren Sachen kamen.
Danach gab es tagelang zum Frühstück Mehlsuppe mit einem Esslöffel Honig hinein und das Milchpulver durften wir Kinder mit Zucker vermischt aus Papiertütchen schlecken.
Für uns Kinder, die für nichts Verantwortung trugen, war die Zeit spannend und abenteuerlich. Wir tummelten uns in den Ruinen, suchten nach brauchbaren Gegenständen. Wir bastelten aus buntem Krepppapier Kostüme und spielten den Hausbewohnern *Schneewittchen* vor. Kinder vergessen schnell und alles Ungewohnte ist für sie interessant.
„Wir werden es bald besser haben!" sagte zuversichtlich die Lotte-Mutti. Nur leider sollte sie die besseren Zeiten nicht mehr erleben.

Es war ein Sonntag im Januar 1947.
Vater kam aus dem Krankenhaus, wir
brauchten ihn nicht fragen – ich habe ihn
nur dieses eine Mal weinen sehen!
„Nun sind wir wieder allein!"
schluchzte er. Und es wurde arg! Eine
Tante versorgte uns notdürftig, die
Hauptarbeit verrichtete meine
Schwester, damals 11 Jahre alt. Wenn
Vater Nachtdienst hatte, aßen wir abends
schon unsere Frühstücksschnitten. Die
Schule gab uns „Kälte-frei". Da es auch
zu Hause kalt war, blieben wir Kinder
den ganzen Tag in den Betten.
In dieser Zeit, wenige Wochen nach
Lottes Tod, hatte ich eine Vision, deren
Bedeutung mir erst im Alter – und nach
weiteren ähnlichen Erlebnissen - klar
werden sollte:
Ich schreckte aus einem Halbschlaf, weil
eine Hand nach mir gefasst hatte – eine
Hand, die *„aus der Wand kam.* Ich halte
es inzwischen für möglich, das der Geist
von Verstorbenen sich noch bei den
lieben Hinterbliebenen eine Weile
aufhält. Und ich bin ganz sicher, dass sie
uns ein Leben lang beschützen.

Hätte man dem kleinen Mädchen nicht sagen können, dass seine Lotte-Mutti sie beschützt, wo immer sie auch sein mag... Das hätte dem kleinen Mädchen sehr geholfen, glaube ich.
Meine leibliche Mutter – sie lebte zu der Zeit bei meiner Großmutter - hatte am 14. Februar vor unserem niedergebrannten Haus gestanden – fassungslos – sie glaubte, wir seien alle tot! Mein Bruder besuchte sie, sobald es möglich war und gab ihr damit neuen Lebensmut. Wir waren alle am Leben, konnten uns besuchen, uns schreiben.
Die Briefe meiner Mutter an mich begannen immer mit den Worten: „Mein Christelchen – - mein Sonnenschein!" Sie ist im Alter von 69 Jahren gestorben, da hatte ich schon meine eigene Familie. Sie hat noch ihre Enkelkinder erlebt, und wir waren bis an ihr Lebensende in Liebe verbunden.
Sie ist einer meiner „Schutzengel!"

„Tausend Hände bauen Wände – Stein auf Stein, auf Stein, rollen Loren, Bohrer bohren, Hämmer dröhnen drein"... Im Schulchor lernten und sangen wir dieses optimistische Lied voller Enthusiasmus.

Wir sahen, dass es täglich vorwärts ging, bestaunten die fleißigen „Trümmerfrauen". Am Altmarkt entstanden die ersten Neubauten aus alten Ziegeln.
Ich wurde – wie alle meine Klassenkameraden - feierlich als „Jungpionier" aufgenommen, trug stolz das *Blaue Halstuch* zur weißen Bluse und dunkelblauem Rock – vor allem an Staatsfeiertagen – wie dem 1. Mai.
Die ersten fünf Schuljahre blieb ich in der 8. Grundschule. Wir waren eine lustige muntere Clique von sechs Mädchen, die zusammen die Geburtstage feierten, aber auch fleißig lernten. Jede von uns war Pate für ein Lernaktiv, um den schwächeren Schülern vorwärts zu helfen.
Zwei Mädchen, die Gitarre spielten, brachten an ihren Übungstagen die Instrumente mit in die Schule und wir musizierten in den Pausen...
„Wahre Freundschaft soll nicht wanken, wenn sie gleich entfernet ist, lebet fort noch in Gedanken und die Treue nie vergisst", war unser Lieblingslied!

Liebe Freundinnen – wenn Ihr je durch Zufall meine Geschichte lest – denkt Ihr noch daran? Nie habe ich Euch seit dem wiedergesehen! Erinnert Ihr Euch noch an Eure „Sperlepieps"?

Privatfoto 1945

Das Kleid war von der Tochter der Schwester meines Vaters, meiner Cousine Siegrid – ebenso die Zuckertüte. Diese war randvoll gefüllt mit Waffelbruch. In der Spitze steckte eine Wasserrübe, die hatte mein Bruder vom „Hamstern" mitgebracht ☺

Meine erste Lehrerin, Fräulein Großkopf, wohnte in der Nähe meiner Schwester. Ich wollte sie immer schon mal besuchen, leider blieb es bei dem Vorsatz. Sie war uns eine vorbildliche Lehrerin – ebenso wie Frau Buhrmeister, unsere Zeichenlehrerin. Der Heimatkundeunterricht wurde bei schönem Wetter im Freien abgehalten. In den Handarbeitsstunden wurden uns Geschichten vorgelesen, während wir Mädchen eifrig an einem Nadelheftchen stichelten oder Handschuh strickten. Ich erinnere mich schmunzelnd: Mein Fausthandschuh hatte einen ungewöhnlich dicken Daumen. In der Mathestunde zog ich das Teil über die Hand und schob diese so langsam aus der Bank...alles kicherte!
Das waren so kleine Späße, die keinem wehtaten. So richtig böse waren wir Kinder nie!

Störenfriede wurden als Strafe vor die Tür gestellt, das war dann peinlich und so waren wir lieber brav!

Es gab Wandertage und der 1. Juni wurde als *Kindertag* – oft im Großen Garten - feierlich begangen. Jedes Kind bekam eine Tüte mit einer Semmel, einem Knacker, einem Apfel und einer Rolle Drops – das war Standard – und kostete die Eltern nichts! Rollerrennen war eines der beliebten Spiele. Wenn ich an diese Zeit denke, ist mir, als hätte jeden Tag die Sonne geschienen, so froh und frei fühlten wir uns auch bei Freizeitspielen, wie *Huppekästchen, Ballprobe, Kreiseln, Räuber und Gendarm* und vieles mehr.
An Spielzeug hatten wir nur selbst gebastelte Teile. Mein Bruder bastelte mir eine Puppenstube aus einem Schuhkarton. Möbel waren aus Pappe geschnitten. Es gab im Puppenladen auf der Bürgerstraße Porzellanpuppenköpfe zu kaufen, für die unsere Mütter die Körper bastelten und wir Kinder selbst Kleider schneiderten. Der Höhepunkt jedes Jahr war Fasching, wenn wir in den Stöckelschuhen der Mütter durch die

Gegend *kippelten* – als *„Feine Damen"*!
Es gab keinen Neid – wir hatten ja alle
Nichts !

So lange ich denken kann, wurde am 1.
Mai in Sachsen demonstriert.
Die erste Demonstration, die ich bewusst
erlebte, war kurz nach dem Krieg. Mein
Vater marschierte in einem
Spielmannszug. Lotte-Mutti führte mich
an der Hand, ich ging noch nicht zur
Schule. Voll Enthusiasmus sangen die
Erwachsenen Arbeiter- und
Kampflieder, wie
*„Brüder zur Sonne, zur Freiheit, Brüder
zum Lichte empor! Hell aus dem Dunkel
Vergangenem leuchtet die Zukunft
hervor..."*
Die Menschen waren befreit von der
Angst des gerade beendeten Krieges.
Am Nachmittag herrschte ein buntes
Treiben in der Stadt.

Später dann nahm ich an den
Demonstrationen mit meiner Schulklasse
teil. Da ich immer Mitglied eines
Schulchores war, sang ich ehrlichen
Herzens Jugendlieder, wie:

„Unsre Heimat, das sind nicht nur die Städte und Dörfer, unsre Heimat sind auch all die Bäume im Wald. Unsre Heimat ist das Gras auf der Wiese, das Korn auf dem Feld und die Vögel in der Luft und die Tiere der Erde – und die Fische im Fluss sind die Heimat. Und wir lieben die Heimat, die Schöne, und wir schützen sie, weil sie dem Volke gehört – weil sie unserem Volke gehört!"

So haben wir das damals gefühlt! Und ich habe keines der Lieder vergessen, weil ich sie heute noch für mich singe – obwohl kaum noch gesungen wird – das ist sososo traurig!

Etwa im Dritten Schuljahr wollte ich mit zwei Mädchen aus meiner Klasse zum Religionsunterricht in eine Dresdner Kirche gehen. Ein Anmeldeformular, welches mein Vater unterschreiben sollte, hat er zerrissen. Sein Kommentar:
„Wenn es einen Gott geben würde, hätte er die Kriegsverbrechen nicht zugelassen..."
Als Kind wusste ich keine Antwort darauf.

Wie gerne würde ich mich heute mit ihm unterhalten, nachdem ich meinen eigenen Glauben gefunden habe. Ich würde ihm sagen:
„Vater, wir haben doch den Bombenangriff auf Dresden überlebt, also waren wir beschützt!
Es gibt in der Welt das Gute und das Böse! Niemals waren Kriege von Gott gewollt, weil Gott Liebe ist! Das „Böse" lebt durch den Menschen und wird erst dann ein Ende haben, wenn der Mensch sich über das Böse erhebt und in Liebe lebt."
Vielleicht hört er mich ja, wenn ich in schlaflosen Nächten zu ihm rede...
Ich glaube zwar nicht alles, was so geschrieben steht, aber ich halte für möglich, dass Geist und Seele unserer Verstorbenen - irgendwo im Universum – Gott helfen auf uns aufzupassen...

Unglücklicherweise wurde ich ab dem sechsten Schuljahr umgeschult in eine mir unsympathische Klasse in einer Bautzener Schule, da mein Vater dorthin versetzt wurde. Die Mitschülerinnen – es war eine reine Mädchenklasse – waren katholisch.

Ich verlor jede Lust an der Schule, meine Leistungen ließen nach. Ich hatte wieder eine Stiefmutter, dazu eine Stiefschwester und es kamen noch drei Nachzügler...

Nach zwei unglücklichen Jahren blieb ich nach den Sommerferien, die ich bei meiner Großmutter verbrachte, in Mischwitz bei Meißen, das wurde noch einmal ein gutes Jahr. Dort waren freundliche Lehrer, bei denen das Lernen wieder Freude machte, ich erzielte wieder gute Ergebnisse. Ich war nahe bei meiner Mutter und meinen Geschwistern aus erster Ehe.

Es wurde eine glückliche Zeit mit tollen Erlebnissen im Kreise der Großfamilie Zschoke, dem Elternhaus meiner Mutter.

Mischwitz

ist ein kleiner Ort an der Fernverkehrsstraße zwischen den Kreisstädten Meißen und Riesa im Bezirk Dresden. An der Elbe gelegen, umgeben von Wäldern und Wiesen, ist dies ein idyllisches Fleckchen Erde. Zwei kleine Anwesen – direkt an der Straße gelegen – zwischen den Ortschaften Keilbusch und Neuzehren sowie zwei ehemalige Rittergüter, deren Besitzer 1945 enteignet wurden, oben auf dem Berg – hinter einem kleinen Wäldchen, das ist Mischwitz - zu klein um auf einer Landkarte eingezeichnet zu sein.
Zwei Wege, die parallel zueinander verlaufen – ein breiter befestigter Fahrweg neben dem rechten und ein schmaler Wiesenweg neben dem linken Grundstück – führen von der Meißener Straße hinauf zur „Aussicht". Hier endet der Wiesenweg. Auf dem Fahrweg gelangt man über Sebschütz nach Zehren. Das Anwesen am Wiesenweg, eine Feldbreite vom Nachbargrundstück entfernt, ist seit drei Generationen im Besitz der Familie Zschoke und war das

Elternhaus meiner Mutter. Ich hatte das große Glück, 1953 bis 1954 - das letzte Jahr meiner Kindheit – dort zu verbringen. Meiner längst verstorbenen Großmutter bin ich heute noch dankbar dafür, denn Leben auf dem Lande – etwas Schöneres, Unbeschwerteres kann es für ein Großstadtkind nicht geben. Der Besitz bestand aus einem zweistöckigen Wohnhaus mit vier Zweizimmer-Wohnungen. Unten, rechts ging es in eine schmale Küche mit eisernem Herd , einem Küchenschrank, bei dem jeden Freitag die unbearbeitete Holzplatte gescheuert wurde – ebenso beim Esstisch, der direkt am Fenster stand, vor einer schlichten Holzbank – meinem Lieblingsplätzchen. Hier saß oft mein Großcousin Rainer neben mir und spielte auf der Mundharmonika. Er wohnte mit seiner Großmutter, der Schwester meiner Oma, direkt darüber. Da gab es die gleiche Stube und eine Kammer. Kein Bad! Wasser wurde an der Pumpe vom Hof geholt und auf dem Herd gewärmt, freitags wurde im Waschhaus der Kessel geheizt und dort gebadet. Im Kessel wurde Wäsche gekocht, nachdem dieser gründlich

gereinigt war, aber auch Pflaumenmus und Rübensaft und beim Schlachten natürlich die Wurst. Es war ein hartes Leben, das die Großmutter führte, aber sie war selbständig und beklagte sich nie.
Seitenverkehrt gab es die gleichen Wohnungen auf der linken Seite, darin wohnten unten die Familie Reiche mit Tochter Brigitte, die mit mir in eine Klasse ging und ihr kleiner Bruder Gerd. Darüber wohnte Tante Dora, eine Schwester meiner Mutter, mit den zwei Cousinen Erika und Margitta. An der Süd- und Westseite des Wohnhauses rankte sich veredelter Wein vom Erdgeschoss bis in die obere Etage, das wirkte lieblich und der Wein schmeckte sogar. An der Straßenseite gab es ein gepflegtes Vorgärtchen mit Schneeglöckchen im Januar, Maiglöckchen und Pfingstrosen im Frühling und lilafarbigen Hortensien den Sommer über. Als Umrandung des Gemüsegartens, blühten im Sommer bis in den Herbst hinein die herrlichsten Astern in allen Farben, Zinnien und andere duftende Blumen.

Der Garten war Großmutters Stolz und alles, was sie an Gemüse anbaute, diente ihr zur Selbstversorgung. Im Waschhaus standen immer große steinerne Töpfe mit eingelegten Gurken und Bohnen...
Mein Großvater, Moritz Zschoke, war ein fleißiger Handwerker gewesen, an den ich keine Erinnerung habe. Gutmütig schaut er von einem alten Familienfoto, das anlässlich Onkel Willis Hochzeit entstand, der im zweiten Weltkrieg gefallen war wie auch sein Bruder Kurt. Der jüngste Bruder meiner Mutter, Gotthard, nach dem Krieg in englischer Gefangenschaft, hat eine Engländerin geheiratet und lebte bis zu seinem Tod in Tasmanien. Er war 18 Jahre jung, als Großmutter ihn in den Krieg verabschieden musste. Fotos und Ansichtskarten war das Einzige, was ihr von ihm blieb. Mein Großvater ist während der Ernte auf seinem Feld einem Herzschlag erlegen. So viel Leid! Doch nie habe ich meine Großmutter klagen hören – nur immer beten! Das Grundstück war schuldenfrei, als Großvater starb, Großmutter lebte bis zu ihrem Tod im Alter von 83 Jahren als

Selbstversorger mit einer schmalen Witwenrente...

Und was waren das damals für ehrliche Leute! Da galt ein Handschlag, da brauchte es keinen Vertrag. Mit Tränen in den Augen erzählte Großmutter, dass Nachbarn nach dem Tod ihres Mannes kamen und geliehenes Geld brachten, wovon sie gar nichts gewusst hatte.

...und wie viele hungrige Mäuler hat sie gestopft... und wie hat es uns geschmeckt: Nach der Arbeit auf dem Feld, beim Dreschen in der Scheune oder beim Schlachtfest, und ich erinnere mich an ein Erntedankfest:

„Wir pflügen und wir streuen den Samen auf das Land – doch Wachstum und Gedeihen liegt in des Gottes Hand...", sangen wir Chorkinder beim festlichen Einmarsch in die Kirche und trugen Erntedankgebinde vor uns her, die wir am Altar niederlegten. Zu Hause gab es dann riesige Teller voll Kirmeskuchen, Doch bevor wir zulangen durften, faltete Großmutter die nimmermüden Hände und betete – wie schon unsere Lotte-Mutti:

„Komm Herr Jesu und sei unser Gast – und segne, was du uns bescheret hast..."

Ein Höhepunkt im Dorfalltag war auch wieder der 1. Mai!
Früh Demonstration von der Schule zum Sportplatz – buntes Treiben unter wehenden Fahnen – Gesang und Freude... Am Nachmittag - es war ungewöhnlich warm geworden - zog ich weiße Kniestrümpfe an, weiße Sandalen und ein luftiges Sommerkleid, weiß mit rotem Muster. Ich durfte das alte Damenfahrrad von Tante Dora, Erikas Mutter, der Schwester meiner Mutter, nehmen. Erika fuhr voran, sie kannte den Weg nach Diesbar-Seußlitz, wo wir in einem Dorfgasthaus Limonade tranken.

Die Großmutter hatte darauf bestanden, dass ich getauft und konfirmiert wurde. Ich lernte in einem Jahr, wozu meine Mitschülerinnen drei Jahre Religionsunterricht absolviert hatten. Der Herr Pfarrer hatte uns auf die Prüfung derart vorbereitet, dass er sagte: *„Wenn ich eine Frage stelle, hebt die Hand, wer es weiß...!"* ☺

Für den Prüfungssonntag hatte mir Großmutter ein Kleid schneidern lassen.

Es war blau-rot-weiß kariert und hatte am Kragen eine blaue Samtschleife.
Am darauf folgenden Palmsonntag 1954 wurde ich also im Zehrener Kirchlein durch Taufe und Konfirmation in die Christliche Gemeinde aufgenommen - alles an einem Tag – im Beisein meiner Mutter, meiner Geschwister und einigen Verwandten mütterlicherseits.
Großmutter hatte große Kuchen gebacken und mir eine unvergessliche Familienfeier geschenkt. An die Präsente, die mir die Verwandten brachten, erinnere ich mich schmunzelnd bei dem Gedanken, was die heutige Jugend so für Ansprüche stellt.
Zwei wuschelweiche Frottierhandtücher, pastellfarben umhäkelte Taschentücher, zwei Paar seidene Strümpfe und Seife – also an die wunderbar duftende Lavendelseife denke ich immer, wenn in meinem Garten der Lavendel blüht – vielleicht liebe ich diesen Duft so sehr, weil er diese Erinnerungen weckt?
Mein Bruder bezahlte meine neuen Schuhe, welche Großmutter mir in Meißen in der *„Großen HO"* gekauft hatte – meine ersten Pumps aus

schwarzem Leder mit einer Schleife verziert für 15 Ostmark.
Das schwarzseidene Kleid mit Schulterpartie und Ärmeln aus Spitze hatte schon meine Cousine Erika getragen und ich hatte meine erste Dauerwelle, damals Heißwelle! Also da bekam man Wickel auf den Kopf, die jeweils einen elektrischen Anschluss hatten. Auf dem Foto sehe ich aus wie 18! Das Friseurgeld hätte man lieber sparen und den kindlichen Bubikopf lassen sollen, aber jede Zeit hat halt so ihre Mode! An den vorangegangenen Religionsunterricht habe ich angenehme Erinnerungen. Der Kantor lehrte uns im kalten Winter in seinem gemütlichen Wohnstübchen und bewirtete uns mit Tee.. Ich sang im Kirchenchor und verehrte unseren väterlichen Pfarrer. Wenn ich nach Zehren fahre, besuche ich sein Grab und das meines verehrten Lehrers, Herrn Liebe.
Es war eine schöne unbeschwerte Zeit!

Danke, Großmutter – Danke, Gott, dass er mich zu ihr geführt hat!

Lehre – Liebe...

Die Kindheit war vorüber – ich musste jetzt zusehen, wie ich mich selbst ernährte, wollte meiner Großmutter nicht länger auf der Tasche liegen! In der Sächsischen Zeitung las ich die Anzeige eines Fleischermeisters im Triebischtal. Seine Frau suchte eine Hausangestellte. Ich fuhr mit dem Bus nach Meißen, stellte mich vor und wurde eingestellt. Die theoretische Ausbildung erfolgte in einer Hauswirtschaftsklasse der „Roten Schule". Hier fand ich auch Freundinnen. Die netteste, Renate, die an den Katzenstufen mit ihrer Mutter wohnte, wollte gern Schlagersängerin werden. Wir haben oft zusammen gesungen, auch bei einem Klassenausflug, im Zug in die Sächsische Schweiz. Ich erinnere mich an einen damals beliebten Schlager:
„Du – Du – Du – lass mein kleines Herz in Ruh`, denn es fühlt genau wie Du, das kann nur die Liebe sein..." Wir waren noch unschuldige Mädchen und voller Träume.

Renate arbeitete in der Produktion, sie hat später als ich geheiratet, war Mutter eines Jungen und ist mit 35 Jahren an Krebs gestorben. Wenn ein Mensch so früh von uns geht, gerät der Glaube ins Wanken. Man fragt sich: *„Warum?"* Sie war für mich eine von den Menschen, die ein Leben lang in Erinnerung bleiben.

Die Mehrzahl der Mitschülerinnen waren - wie ich - in einem Haushalt tätig. Ein Mädchen aus Burkhardswalde nahm mich einmal samstags mit zum Dorftanz. Sie hatte dort einen Freund und überredete mich, bei ihrem verheirateten Bruder zu übernachten, dessen Frau war im Krankenhaus. Ich hab mir nichts dabei gedacht – war auch nichts dabei – nur dass wir früh um sieben in Meißen sein mussten, keine Kleinbahn fuhr, ich zu spät zur Arbeit kam. Von da an war sie nicht mehr meine Freundin. Ich habe sie aus den Augen verloren wie alle anderen auch.

Der Anfang war hart: Arbeitszeit von Sieben Uhr morgens bis 19 Uhr am Abend. Nur jedes zweite Wochenende frei. Bezahlung: 70 Mark im ersten, 80 Mark im zweiten Lehrjahr, zuzüglich freie Kost und freies Wohnen in einem winzigen Mansardenstübchen mit Bett, Schrank, Tisch und Stuhl.
Meine erste Tätigkeit war Schuhe putzen für die ganze Familie, die Schuhcreme vermischte sich mit meinen Tränen, ich fühlte mich erbärmlich...
Ich musste Betten machen, die Wohnung sauber halten, Abwaschen, Tisch decken, zum Abend zwei Kannen Tee brühen. Das Schlimmste aber war nach Ladenschluss den Fußboden schrubben mit heißer P3-Lauge, die an den Fingern fraß. Am Wochenende wurden auch die Holzbretter und Gummifußmatten aus dem Laden im Hof geschrubbt.

Das Härteste jedoch war „Die Große Wäsche!"
Am ersten Tag habe ich im Waschhaus die Holzwannen gewässert, am zweiten Tag die Wäsche – sortiert nach Farben und Materialien – in Seifenlauge eingeweicht.

Am dritten Tag durfte ich die arg schmutzigen Sachen Stück für Stück einseifen, dann im Kessel kochen!
Zum Waschen am dritten Tag bekam ich Hilfe von einer Waschfrau.
Nach dem Waschen folgte drei mal Spülen, dann jedes Stück durch die Wringmaschine drehen. Im Hof wurden Leinen gezogen – so richtig gute Hanfseilleinen! Dazu war ich dann schon wieder alleine. Ich war 15!!! Wäsche Aufhängen, Abnehmen, Rollen und Bügeln machte ich immer schon gern und gut. Eine Woche ging darüber hin, die alltägliche Hausarbeit musste ich zudem ja auch noch bewältigen, nur die Zubereitung des Frühstücks und das Kochen machte die Meisterin selbst und sie half beim jährlichen Frühjahrsputz. Daran war das Schlimmste das Säubern der Glaskassettendecken in Küche und Laden. Monatlich musste ich sechs Fenster an der Straße und drei im Hof putzen – von außen! Ich stand dann auf der Leiter und die Kunden liefen vorüber, mir war das so peinlich. Ebenso musste ich – auf der Leiter stehend – im Sommer Lindenblüten pflücken von

Bäumen, die den Fußweg vor dem Haus säumten...
Diese wurden getrocknet, in Blechdosen verwahrt – ebenso Kamille und Minze... Die Meisterin war eine vorbildliche Hausfrau. Ich habe viel bei ihr gelernt.

An den arbeitsfreien Wochenenden bekam ich ein Kuchenpaket und Bockwürstchen - und im Urlaub eine harte Wurst, eine Blutwurst und 50 Mark zuzüglich zum Lohn. Ich nahm die Sachen mit zu meiner Mutter, die in Meißen wohnte oder fuhr zu meiner Oma nach Mischwitz, manchmal – vor allem im Urlaub – auch zu meiner Schwester nach Dresden, selten zu meinem Vater und seiner dritten Frau. Mein Vater hat mich einmal im Geschäft besucht. Er bekam – wie alle Besucher – eine Bockwurst mit Brötchen vorgesetzt. Mit der Meisterin vereinbarte er, dass sie von meinem Lohn monatlich 10 Mark einbehalten und für mich sparen sollte. Sie kaufte mir Weihnachten von dem Geld einen Wintermantel. Von meinem Vater bekam ich nichts, er hatte seine neue Familie zu ernähren!

An den Wochenenden, an denen ich arbeiten musste, half ich beim Kochen. Es gab gute Kost, das muss ich schon sagen! Nachmittags in die nähere Umgebung, manchmal auch zu Tagesausflügen ins Erzgebirge durfte ich in einem neuen weinroten IFA F9 mitfahren...
Es wurden dann Schinkenbrote eingepackt und unterwegs Picknick verzehrt. Manchmal gab es auch Kaffeetrinken in einer Gaststätte, zum Beispiel in der Preiskermühle, daran erinnere ich mich jedes Mal Pfingsten an den „Mühlentagen".
Später bekam ich mit dem Ladenmädchen zusammen ein schönes großes, renoviertes Zweibettzimmer ebenfalls im Dachgeschoss. Das Zimmer hatte zur Wohnung des Bruders vom Meister gehört, der nach dem Westen übersiedelt war. Ursula wohnte mit ihrer Mutter im Triebischtal in einem hübschen Häuschen, ich war oft dort zu Gast. Wir lagen dann im Garten, hörten Radio und lasen Bücher.
Die Meisterin hatte uns ein Jahresanrecht für das Stadttheater zu Weihnachten geschenkt. Ursula borgte mir eins von

ihren Kleidern, die sie von ihrer Schwester aus dem Westen bekam und wir erfreuten uns an all den schönen alten Operetten.

Am bedauernswertesten fühlte ich mich jedoch, wenn der Lehrjunge krank war, und ich an seiner Stelle mit dem Meister in den Schlachthof fahren musste, Fleisch holen. Ich zog dann an der Deichsel einen riesigen luftbereiften Tafelwagen, der Meister schob hinten. Froh war ich, wenn uns niemand Bekanntes begegnete. Man sagt zwar:„Arbeit schändet nicht", aber ich denke, dass mein Selbstwertgefühl in dieser Zeit noch ein bisschen mehr gelitten hat als in der Kindheit ohne Mutter. Doch mit einem gesunden Ehrgeiz überwindet man alles. Es gab auch schöne Erlebnisse: An einem sonnigen Samstag waren Ursula und ich mit dem 18-jährigen Sohn und seinen zwei Freunden mit dem „Dreirad" in den Spreewald gefahren. Wir unternahmen eine Kahnfahrt, bewunderten die ungewohnte Landschaft und Frauen in aufwändigen Trachten. Sie erinnerten mich an meine Spreewald-Puppe von Weihnachten 1944.

Die achtjährige Tochter, Lieschen genannt, hing sehr an mir. Ihr musste ich oft vorsingen. Am liebsten hörte sie *„Kleines Haus am Wald, morgen komm` ich bald, wenn alle Glocken erklingen im Tal..."* und andere Volkslieder oder Schlager. Jeden Morgen flocht ich ihr wunderschönes langes brünettes Haar zu zwei Zöpfen. In der Woche wurden diese mit Zopfhalten und an Festtagen zusätzlich mit Schleifen verziert.
Lieschen war eine gute Schülerin.
Wie ich später erfuhr, ist sie Zahnärztin geworden. Ihr großer Bruder war auch intelligent und hätte gern studiert. Sein Vater wollte aber, dass er das Geschäft einmal übernehmen sollte, dazu kam es jedoch nicht, weil der Alte sich in eine Kundin verliebte und von seiner Meisterin trennte...
Das erfuhr ich Jahre später, als ich schon verheiratet war und im Triebischtal dienstlich zu tun hatte. Ich staunte nicht schlecht, als meine propere Meisterin aus einem Fenster im Erdgeschoss eines Miethauses auf der gegenüberliegenden Straßenseite – unfern vom Laden – herausschaute. Natürlich ließ sie kein gutes Haar am Meister, aber ich hatte ja

mitbekommen, wie die Ehe der beiden lief. Sie waren ein sehr ungleiches Paar. Sie, als junges Mädchen schon einmal verlobt – und verlassen worden, hatte den viel kleineren Mann sicher aus geschäftlichen Gründen geheiratet. Sie war die geborene Geschäftsfrau und er hatte bei ihr nicht viel zu Lachen – wir Angestellten eigentlich auch nicht. Einmal – ich erinnere mich – hat sie mich regelrecht „zur Minna gemacht", weil ich die gute Wäscheleine vergessen hatte abzunehmen und diese im Regen nass geworden war – ich war 15!

Aber zurück zu den Anfängen:
Meine Freizeit verbrachte ich oft mit Ursula. Wir fuhren mit den Rädern nach Moritzburg Baden oder Pfingsten in die Triebischtalbaude, wo man in der Veranda sitzen und rote oder grüne Limonade trinken konnte.
Einen „ersten kleinen" Freund hatte ich in Dresden im Haus meines Vaters, aber den vergraulte meine Stiefmutter aus Neid, bevor es etwas Ernstes hätte werden können.

Ein Cousin von Ursula war mitunter bei deren Mutter zu Gast, er flirtete unbeholfen mit mir. Einmal ging ich mit im spazieren, er lief hinter mir und sagte leise: *„Du bist schön!"*
Das fand ich albern, er hatte es wohl in einem Kitschroman gelesen. Dann war da noch ein Freund von Ursulas Freund. Zu Viert waren wir mal in einer Blumenausstellung in Dresden in der Nordhalle. Als wir – auf den Zug wartend - in einer Eckkneipe etwas tranken, es war auf der Moritzburger Straße, wo ich als Kind gewohnt hatte, kam plötzlich meine frühere Freundin und Banknachbarin aus der Schule herein: Sie hatte einen Krug in der Hand, sollte für ihren Vater Bier holen, sie hatten Besuch. Erfreut bat sie mich, doch auf ein Weilchen mit hoch zu kommen zu ihren Eltern. Das Ehepaar, welches zu Besuch war, kannte ich, sie hatten fünf Kinder. Als die Frau hörte, dass ich mit einem Freund in Dresden sei, sagte sie zu mir:
„Pass nur auf, dass du kein Kind kriegst!" Ich erwiderte schnippisch:
„Das kann mir nicht passieren!" Damit meinte ich natürlich, weil ich ja nichts

tat, was dazu hätte führen können, sie fasste es aber anders auf und sagte: *„Du bist ja raffiniert!"* Ich habe das mein Leben lang nicht vergessen und ärgere mich heute noch darüber – Altes Klatschweib! Sie hatte halt Lebenserfahrung und kannte wohl die Männer. Eines Abends versuchte dieser Junge es aber doch bei mir – an der Haustür meiner Mutter – das war das Ende unserer kurzen Freundschaft.
Ich war beleidigt und sagte ihm, dass ich dafür zu jung sei. Er hat mich danach nie mehr angesehen. Er ist schon seit Jahren tot. Hätte ich ihn geheiratet, wäre ich Witwe.
Aber das Schicksal wollte es anders. Wenige Monate später begegnete ich meinem Mann. Ich war sehr verliebt und bald schwanger und beendete mein Arbeitsverhältnis.
Mein Leben als Ehefrau und Mutter begann mit 18 Jahren – eine Jugend, wie sie manche Frauen meiner Generation zu erzählen wissen, die jeden Samstag Tanzen oder in einem Sportverein waren, hatte ich nicht.

Ostern 1956 - Samstag, den 30. März –
zum Sonntag, den 1. April hatten wir uns
kennen gelernt – bei einem Familientanz
in einem Lokal, welches ein bisschen
verrufen war, das machte ER mir später
zum Vorwurf, obwohl er selbst dort
verkehrte . Ich war ja nicht alleine dort
sondern mit meinen Verwandten. Meine
Schwester hatte mich nach der Arbeit im
Geschäft abgeholt und gesagt: „Komm –
wir gehen alle zusammen aus!"
Der sehr gut aussehende, in einen
Maßanzug gekleidete Mann forderte
zuerst meine Schwester zum Tanz! Als
er sie an den Platz brachte, sah ich ihm
in seine braunen Augen – beim nächsten
Tanz holte er mich...
Wir haben uns an dem Abend aus den
Augen verloren, ich ging ja mit meiner
Familie nach hause – wollte ihn aber
gerne wieder sehen.
Im „Hamburger Hof" war Samstags
Dielentanz. Da hat mich das Schicksal
hingeführt. Da hat er mich dann nach
hause gebracht und zum ersten mal
geküsst. Eine Woche später rief er im
Geschäft an, ob ich mit ins Kino gehen
wollte...

Er holte mich ab, die Meisterin meinte, dass er einen guten Eindruck mache. Den Samstag darauf lud er mich ein, mit einem ihm befreundeten älteren Ehepaar auszugehen in die Tanzgaststätte „Umlauft" in Spaar, die es nicht mehr gibt. Er sagte am Telefon:
„Zieh was Hübsches an!" Ich kaufte mir im HO-Kaufhaus eine weiße Dederonbluse und einen schwarzen, dreistufigen Taftrock. Dazu zog ich meine schwarzen Pumps an. Das Ehepaar, sie spielten mit ihm zusammen Tischtennis, waren sehr nett. Ich ging später öfter mit zum Tischtennis – danach tranken wir üblicherweise im Clubhaus *Eiscremsoda*. Das Getränk war so lecker. Die Tischtennisspieler waren allesamt befreundet. Der Sohn eines Juweliers lud uns einmal zu einer Gartenfete ein, seine Tochter ging später mit unserem Sohn in die Klasse. Mit Dieter, dem Juwelierlehrling seines Vaters, und seiner späteren Frau, mit der ich mich noch manchmal im Seniorenclub treffe, waren wir eine Zeit lang befreundet. Wir trafen uns samstags zum Tanzen in den *Weinstuben Spaar* oder *Gebhards Weinstuben* auf dem

Plossen. Nachts durch den Stadtpark hinunter in die Stadt - in Slingpumps – da denke ich manchmal dran, wenn ich heute mit dem Stockschirm laufe, um mich abstützen zu können ☺
Im Januar 1957 wurde unsere Tochter geboren – ein Achtmonatekind, nur Viereinhalb Pfund schwer. Neugeborene nehmen ja auch noch etwas ab. Da sie aber nach zehn Tagen das Geburtsgewicht wieder hatte, durfte ich sie mit nachhause nehmen- zu meiner Mutter. Ein eigenes Zuhause hatte ich nicht und bei der Wohnungsknappheit sollte es vier Jahre dauern bis wir unsere erste eigene Wohnung einrichten durften.
Wir heirateten am 21. Dezember 1957 auf dem Standesamt Meißen - ohne Verwandte– nur wir Zwei – danach fuhren wir mit dem Zug nach Dresden, ins *Cafe Prag,* wo wir mit meiner Schwester und deren Verlobten einen netten Abend verbrachten. Unsere kleine Tochter war bei meiner Mutter in guter Obhut. Abgesehen davon, dass wir für eine große Feier kein Geld hatten, war für mich die Eheschließung nur noch eine Formsache.

Bei unserer Scheidung – nach 28 Ehejahren - habe ich vor Gericht gesagt, ich hätte meinen Mann geheiratet, weil ich schwanger war. Das stimmte so nicht. Ich habe ihn sehr geliebt, Er sah so toll aus und war von Grund her ein guter Familienmensch. Ich wäre sehr gern mit ihm glücklich geworden. Die Umstände, die unbefriedigenden Wohnbedingungen sowie äußere Einflüsse waren Ursache für Unzufriedenheit – Eifersucht – Missverstehen...
„Ohne Achtung hat die Liebe keinen Wert, ohne Vertrauen keine Freude!"
Je mehr man als Frau im Berufsleben Anerkennung fand, umso mehr fühlte sich mancher Ehemann zurückgesetzt. Das war für die Männer neu, dass wir Frauen plötzlich selbständig waren. Na – Ja – und bei den Betriebsvergnügen ohne Partner wurde schon auch geflirtet und dann fühlte man sich halt als Frau wertgeschätzt, wie man es sich vom Partner gewünscht hätte.
Aus heutiger Sicht würde ich die Ehe über alles stellen – lieber auf beruflichen Erfolg verzichten, aber die Familie zusammenhalten.

Hausfrau und Mutter

war ich sehr gern. Zwischen den
Geburten lagen jeweils ein Jahr und
neun Monate. Wir hatten so ein Glück
mit unseren liebenswerten, gesunden
Kindern. Ich habe es geliebt, meine
Babys in den schönen weißen
Korbkinderwagen mit den
pastellfarbenen seidenen Kissen zu
packen und auszufahren.
Ich erinnere mich an eine Begebenheit:
Ich hatte den Jüngsten im Kinderwagen,
der Zweijährige saß auf einem Brett vorn
drauf und die Vierjährige half mir den
Wagen schieben. Hinter mir kamen
Dr. Peters, mein Arzt, und seine Ehefrau.
Ich hörte, wie sie zu ihm sagte:
„Sieh mal die gut erzogenen Kinder!"
Ich fühle noch heute meinen Stolz und
meine Freude. Es stimmte aber auch.
Egal, wo wir waren, sie machten mir
niemals Probleme. Zu Hause durften sie
herumtollen. Mein Mann hatte für das
Kinderzimmer sogar eine Rollschuhbahn
gebaut. Unter uns wohnte niemand!
Er hat alles Spielzeug selbst hergestellt
von der Eisenbahn- und Autobahnanlage
bis zum automatischen Kran...

Es gab geregelte Tagesabläufe, die von den Eltern bestimmt wurde. Kinder können ja noch nichts wissen – sie müssen alles erst lernen.
Wenn ich mit der Hausarbeit fertig war, nahm mich mein Strickzeug mit und ging mit den Kindern zum Sandkasten an der Elbe. Nach den täglich frisch gekochten Mittagessen schliefen sie zwei Stunden, dann gingen wir spazieren – am liebsten zur Oma!
19 Uhr – nach dem Sandmann – war Nachtruhe – üblicherweise!
Einmal, an einem Samstag, als der Abendfilm lief - ich saß mit meinem Mann auf der Couch – da sah ich doch, wie sich unter dem Esstisch, zwischen den fünf Stuhlsesseln etwas bewegte ☺
Es war ein netter Film. (In der DDR gab es keine schlimmen Filme).
Als er zu Ende war, sagte ich freundlich: *„Nun aber ab ins Bett!"*
Es war so goldig, wie sie uns erstaunt anschauten... ☺ ☺ ☺
Für uns Erwachsene war spätestens um Mitternacht Sendeschluss! Ich erinnere mich, dass ich nie ohne Strickzeug vor dem Fernseher saß.

Später hatten wir eine Strickmaschine.
Mein Mann strickte die Teile – ich nähte
sie zusammen.
Er hat mir das Schneidern beigebracht
und für unsere Tochter den ersten
kleinen Mantel genäht. Das war alles in
Ordnung und gut so!
Wir waren – nach der Geburt unseres
dritten Kindes aus der Kirche
ausgetreten, um die Kirchensteuer zu
sparen. Unsere Kinder sind nicht getauft.
Wir haben ihnen freigestellt, den
Religionsunterricht zu besuchen – weil
das aber in der DDR nur eine Minderheit
tat, hatten sie kein Interesse. Gott und
Glaube waren bei uns nie wieder ein
Thema, wobei ich mir heute sicher bin,
dass unsere Familie immer beschützt war
und ist.
Wie schnell kommt man im Leben in
eine Gefahr – wie verletzlich ist unser
Körper – aber auch so stark!
Ein paar Beispiele:

Im Kleinkindalter war einer unserer
Söhne in einen neu erbauten leeren Tank
gestürzt und musste über eine lange
Leiter gerettet werden.

Die Tankstelle war in Wohnnähe meiner Mutter, die unsere Kinder mittags bei uns abgeholt hatte. Als wir zum Kaffeetrinken kamen, schlief unser Junge – er hatte wohl einen kleinen Schock – aber keinen Kratzer – Nichts!
Danke!
Unsere älteste Tochter, etwa drei Jahre alt, bekam ein großes Dreirad geschenkt. Bei der Probefahrt – es ging etwas bergab – sagte mein Mann: „schön die Füßchen auf den Pedalen halten!"
Hm – leicht gesagt! Ehe wir es uns versahen, fuhr sie Richtung Straßengraben – die Füßchen in der Luft!...
Ich stehe in solchen Momenten wie erstarrt – kann mich nicht rühren...
Ehe mein Mann, der sofort hinterher gerannt war, sie erreichte, lag sie schon im Graben – ohne Schaden!
Danke!!!
Unsere jüngste Tochter war in der Nähe meiner Arbeitsstelle von einem Auto angefahren worden. „Gänsehaut", wenn ich daran denke, wie ich erschrocken war, als eine Kollegin mir die Nachricht überbrachte. Ich dachte:
„Nein – Nein – Es ist nichts geschehen!"

Als ich zu der Unfallstelle kam, sagte
eine Passantin sensationslüstern:
*„Doch, da muss was sein – ich hab`s
doch gesehen!"*
Nein, es war alles gut, mein Mädchen
hatte nur einen Kratzer am Bein – wir
sind gleich in die Klinik gefahren,
danach hab sie nach hause gebracht und
bin wieder ins Geschäft (das verstehe ich
heute auch nicht mehr – jeder hätte doch
wohl verstanden, wenn ich bei meinem
Kind geblieben wäre).
Danke! sage ich immer und immer
wieder für alles, daher mein Glaube,
dass wir beschützt sind, wenn wir nur
vertrauen...

Einstieg ins Berufsleben

Als der Jüngste in die Schule kam, bot sich für mich eine Gelegenheit zur Nachtarbeit in der Konsum-Großbäckerei. *„Ich mache das nur solange bis wir den Kindern neue Betten und einen Schrank kaufen können,"* sagte ich! Aber als das Kinderzimmer neu eingerichtet war – wir hatten dann schon unsere zweite eigene Wohnung – da brauchte es dann einen Kühlschrank – und – und – und...
Die Kinder merkten ja nicht, dass die Mutter nicht da war. Meine Schicht begann 20 Uhr, da schliefen sie – vom Vater bewacht. Wenn ich 6.30 Uhr – mit frischen Brötchen - nachhause kam, hab ich sie geweckt. Wenn der letzte in die Schule ging, konnte ich endlich schlafen – bis der erste aus der Schule kam...
Als eine Schichtfrau in Rente ging, übernahm ich deren Stelle im Drei-Schicht-System in Vollbeschäftigung. Am liebsten hatte ich die Zweite Schicht, die begann 14 Uhr, da hatte ich die Hausarbeit geschafft...
Wenn ich nach 22 Uhr heim kam, schlief meine Familie. Ich genoss die Ruhe!

So viel verlorene Zeit für unsere Mutter-
Kind-Beziehung! Aber damals hatte man
gar keine Zeit, darüber nachzudenken
bei Vollbeschäftigung und einem
Fünfpersonenhaushalt. In jungen Jahren
schafft man Unglaubliches!
Es war ja auch eine körperlich schwere –
und nicht ganz ungefährliche Arbeit.
Als Schichtfrau oblag mir die Bedienung
der Brot- und Brötchen-Maschine. Ich
stand auf einem Podest davor. Der Teig
kam über einen Trichter durch die Decke
aus der darüber liegenden Abteilung, wo
er in großen Bottichen gemischt wurde –
auf einen riesigen Holztisch...
Ich schnitt jewels ein ca. 10 kg
schweres Teigstück ab und legte es in
die Maschine. Nach frischer Ernte des
Korns war er klebrig, man musste dann
Mehl auf die Walze streuen, die durch
einen Deckel geschützt war.
Es geschah in einer Nacht gegen 4 Uhr
früh – mir fielen bald die Augen zu - der
Deckel aus der Hand - er geriet zwischen
die Walze – die Maschine stand!
Das bedeutete, dass unsere Schicht die
Brötchenherstellung nicht beenden und
die Frühschicht nicht mit der
Brotherstellung beginnen konnte...

Ich habe weder eine Rüge noch sonst einen Ärger bekommen.
Und auch hier war ich beschützt.
Denn Wie leicht hätte – übermüdet wie ich war - auch meine Hand in die Walze kommen können..."
In der Tagschicht wurde Brot gebacken. Da lief der Teig direkt in die Maschine, in der ein „Topf" eingebaut war, der jeweils ausgewechselt werden musste – je nach Größe der Brote. Das Gewicht wurde automatisch geregelt und von einem Messer unter dem Topf abgeschnitten. Einmal hab ich nicht aufgepasst, der Topf war nicht richtig eingerastet und dadurch war das Messer abgebrochen...
Keine Rüge – Kein Ärger! Der Meister wusste, dass ich zuverlässig arbeitete – es kam alles wieder in Ordnung!"
Die Mutter einer Klassenkameradin meiner Tochter sprach mich eines Tages an: *„Sie sehen sehr blass aus. In dem Betrieb, wo ich aushelfe, wird eine Maschinenbuchhalterin gesucht – auch ungelernt!"*
Das war eine Chance!
Das war Glück!

Den ersten Tag im Büro vergesse ich
nie! Ich glaube, heute kennt niemand
mehr so einen „Astra-Buchungs-
automat". Der machte so „Ratteratteratt"
und war mir anfangs unheimlich.
Ich hatte ein fliederfarbenes selbst
gestricktes Kleid an und saß neben der
Heizung! Mir war so heiß und ich hatte
keine Ahnung von dem, was ich tat.
Aber: *Der Mensch wächst mit seinen
Aufgaben!* Ich war so froh und fühlte
mich so wohl, nachdem ich mich
eingearbeitet hatte. In der Volkshoch-
schule hatte ich nebenbei einen Kurs in
Maschine schreiben absolviert und
richtig Lust bekommen aufs Lernen. Bei
einem diesbezüglichen Gespräch mit der
Leiterin des Büros sagte sie: *„Wenn sie
möchten, melde ich sie in der Betriebs-
akademie an. Sie können dort einen
Kaufmännischen Abschluss erwerben!"*
Ich fuhr also zweimal pro Woche nach
Dresden. Dienstags während der
Arbeitszeit und samstags in meiner
Freizeit – bei vollem Lohn. Ohne die
Unterstützung meiner Mutter wäre das
nicht möglich gewesen. Sie kam freitags
zum Saubermachen.

An den Samstagen kochte mein Mann das Essen und versorgte die Kinder. Unsere Kinder waren schon sehr selbständig. Die große Schwester half den jüngeren Brüdern. Es funktionierte! Auch hier hatte ich einmal nicht aufgepasst: Wir arbeiteten mit großen Journalen – diese wurden über eine Rolle in die Maschine gedreht.
Als wir zum Mittagessen gerufen wurden, schaute meine Kollegin, die mich angelernt hatte, auf meine Maschine und erstarrte:
„Wo ist Dein Journal?"
Es hatte sich um die Walze gewickelt – durch das zwischengelegte Pauspapier waren alle Daten unleserlich. Meine Arbeit zunichte – wir hatten Monatsabschluss und das bedeutete Stress! Meine Kollegin, die sich verantwortlich fühlte, weinte...
Ich blieb an dem Tag so lange im Büro, bis ich den Schaden ausgemerzt hatte. Zu hause bekam ich dann Ärger. Mein Mann war immer argwöhnisch, wenn ich später kam. Natürlich war ich dann beleidigt und traurig. Wie dumm!

Weihnachten 1967
Die verunglückten Stollen

Die Familie war mit Begeisterung bei den Vorbreitungen für das Fest. Die Kinder saßen vergnügt in ihrem Zimmer, malten und bastelten...
Der Vater sägte, schliff und schnitzte... Schöne Dinge waren unter seinen geschickten Händen schon entstanden. Im Licht der Kerzen drehte sich die neue Pyramide, vor ihm stand das halb fertige Puppenhaus...
Die Mutter hatte halbe Nächte lang genäht, gestrickt..., denn tagsüber war sie berufstätig. Wie jedes Jahr war die Vorbereitung der Weihnachtsbäckerei für sie ein abendfüllendes Programm. Aus dem Radio erklangen Erzgebirg`sche Weihnachtslieder, leise summte sie die bekannten Melodien mit. Während auf dem Herd Margarine in einem Topf schmolz, um das überflüssige Wasser abgießen zu können, musste sie Zitronat zerkleinern, Mandeln brühen, schälen und malen, Rosinen waschen. Diese sollten über Nacht im Backofen trocknen...

Es war Mitternacht, als sie sich endlich zur Ruhe begeben konnte. Sie hörte nicht, dass die Küchentür mehrmals geöffnet wurde...
„Rosinen schmecken lecker!"
Dafür hatte die Mutter Verständnis. Als der Bäckermeister am nächsten Morgen, als sie mit den verminderten Zutaten in der Backstube eintraf, lakonisch meinte:
„Gute Frau, soll ich die Rosinen mit der Pistole in den Teig schießen? "
entgegnete sie scherzhaft den <geflügelten Satz>:
„In der HO keine Verwandten, im Konsum keine Bekannten, vom Westen kein Paket – da wissen sie ja, wie es uns geht!"
Am Abend wurden die fertigen Stollen mit einem Wäschekorb beim Bäcker abgeholt. NEUN Vierpfundstollen – lecker duftend – trotz der fehlenden Rosinen echte Prachtstücke! Sie wurden einzeln in Papiertüten verpackt – im Keller in einer Holzwanne gelagert, damit sie <gelinde> wurden. Das hatte die Mutter von ihrer Mutter und diese von der Großmutter gelernt.

Eine Woche vor dem Fest wurde der Christbaum gekauft – auch der kam in den Keller. Er war so groß, dass der Vater Mühe hatte, ihn quer über der Holzwanne zu platzieren. Er bemerkte nicht, dass sich dabei der Deckel der Holzwanne wohl etwas verschoben hatte? Er war auch nicht dabei, als die Mutter den Deckel öffnete, um einen Stollen herauszunehmen...
Der Schlag wollte sie treffen – mit einem Satz sprang eine Maus heraus – an ihr vorbei – zur Tür hinaus!
Die Kinder waren Schlitten fahren, der Vater schlief – niemand bemerkte ihre Hinterlist: Sie schnitt die Kruste ab, bepinselte den Stollen mit ausgelassener Butter, streute Zucker darüber und einen Hauch von Puderzucker – Fertig!
Als die Familie später am Kaffeetisch saß, fragte klein Michael verwundert – er langte bereits nach dem zweiten Stück Stollen und kaute genüsslich noch am ersten:
„Mama – hast du Magendrücken, weil du nichts isst?"

Weihnachten 1969

In Meißen, der berühmten mittelalterlichen Stadt in Sachsen, senkt sich die Nacht hernieder. Über dem Marktplatz mit seinen wunderschönen Bürgerhäusern friedliche Stille. Die engen verwinkelten Gassen liegen im Mondschein. Aus den geschmückten Fenstern fällt gedämpftes Licht tausender Kerzen. Weiche weiße Flocken rieseln sanft zur Erde hernieder. Friede liegt über der Welt. In der Frauenkirche geht gerade die Christmesse zu Ende. Die Abendglocken klingen weithin übers Land.
Aus dem Kirchenportal treten festlich gekleidete Männer, Frauen und Kinder – unter ihnen die drei Geschwister. Orgelspiel erklingt:
<Stille Nacht – Heilige Nacht>
Zu Hause erwartet die Kinder eine Bescherung wie in jedem Jahr – und doch liegt im Raum ein ganz besonderer Zauber. Vor dem Eckfenster der großen Stube steht wie jedes Jahr ein Tannenbaum, der bis zur Zimmerdecke reicht, geschmückt mit roten Kugeln, Silberfäden und Wachskerzen, deren

flackernder Schein den Raum in ein
zauberhaftes Licht taucht. Darunter
liegen die Geschenke: Für die Jungs
Eiskockey- und für das Mädchen
Eiskunstlaufstiefel und für jedes den
obligatorischen „Bunten Teller" und
andere Kleinigkeiten.
Noch beeindruckt vom Krippenspiel in
der Kirche mit dem Christkind auf Heu
und Stroh – schauen die Geschwister
zuerst nach dem Babykörbchen. Darin
liegt ihr kleines Schwesterchen. Das
Baby ist vier Wochen alt und schaut
schon aus munteren Äuglein, in denen
sich das Licht der Kerzen widerspiegelt.
Die Mutter nimmt es auf den Arm und
sagt liebevoll:
„Wir haben unser eigenes Christkind!"
Mitternacht – alles schläft – die Mutter
steht am Fenster – lauscht dem
Glockenläuten der nahen Frauenkirche –
draußen rieselt noch immer der Schnee...

****
Wie oft hat sie sich später gewünscht:
*„Weihnachten in Familie und den
Schnee von damals!"*

****

Mit Hilfe meiner Mutter

Ja – wir hatten ein Baby – und ich war noch nicht fertig mit meiner Ausbildung. Es war unmöglich auch nur daran zu denken, die Arbeit aufzugeben. Damals waren fast alle Mütter berufstätig.
In den ersten sechs Wochen war ich zuhause. Etwa in der dritten Woche entdeckte ich eines Abends, dass die Kleine eine rote dicke Wange hatte. Es sah nach einem Mückenstich aus. Später bekam sie Fieber. Meine Nachbarin, auch Mutter von vier Kindern, riet mir, sofort ins Krankenhaus zu fahren.
Ich packte also mein Baby in den Kinderwagen – draußen war es dunkel...
Die Geschwister schliefen schon, als ich zurückkam – allein und voller Sorge!
Es folgten ungewisse Tage.
Der behandelnde Arzt sagte:
„Wir beraten im Ärzteteam – sind uns nicht einig über die Diagnose..."
Es war ein Drüsenfieber – Es wurde geheilt - *Gott sein Dank!*
Wenn so ein Menschlein erst einmal da ist, erobert es die Herzen – undenkbar, es wieder zu verlieren!

Im ersten halben Jahr kam meine Mutter täglich, bevor die Kinder zur Schule gingen – sie blieb, bis das erste aus der Schule kam. Auf meine drei „Großen" war Verlass! Sie betreuten ihr Schwesterchen bis wir Eltern von der Arbeit kamen. Das war natürlich keine Dauerlösung. Die Hilfe kam vom Rat der Stadt in Form eines Krippenplatzes.
Es war eine Notlösung – die einzig denkbare – damals!
Was das für die Familie – aber vor allem für das Baby bedeutete, werde ich in meinem zweiten Buch beschreiben. Diesbezüglich ist seelisch einiges aufzuarbeiten.
Eine Lehre als Schneiderin wäre sinnvoller gewesen, dann hätte ich zu Hause arbeiten und unser Baby selbst betreuen können.
„Du hattest für mich nie Zeit!" könnte der Titel für das geplante Buch werden.

Das Schicksal hat uns die Möglichkeit gegeben, ein Stück der verlorenen Mutter-Kind-Beziehung einen Sommer lang in Liebe nachzuholen.

Ein ganz normales Familienleben

„Ihr habt als Eltern getan, was in euren Kräften stand", sagen die großen Geschwister. Sie waren in keinem Kindergarten – nicht einmal im Hort. Sie waren während der Schulzeit „Schlüsselkinder." In der DDR gab es in jedem Stadtbezirk eine Schule – in fünf Minuten zu Fuß erreichbar. Meine Arbeitsstellen waren ebenso nahe gelegen. Ich bin manchmal in der Mittagspause nachschauen gegangen, ob alles in Ordnung war.
„Gut, dass ihr nicht alles wisst", sagen die Jungs augenzwinkernd, wenn ich sie lobe, wie brav sie waren ☺
„Danke, dass sie in allen Situationen behütet waren" sage ich immer wieder. Die große Schwester hat gerne die kleine Erzieherin gespielt, was sie sich gerne gefallen ließen.
Wir haben alle freien Tage genutzt, mit den Kindern etwas zu unternehmen. Der Vater hat sie auf dem Sportplatz trainiert. Urlaube ohne Kinder war bei uns nie ein Thema!

Bei unserer ersten kleinen Familienreise mit unseren drei Kindern (4,6, und 8 Jahre) fuhren wir mit dem Bus nach Altenberg, wanderten auf Skiern nach Geising. Dort in der Skihütte der Stadt Meißen hatten Freunde für uns Doppelstockbetten organisiert in Gemeinschaftsräumen mit Angehörigen eines Sportvereins. Um uns Waschen zu können, wurde Schnee aufgetaut, Trinkwasser von einer Quelle geschöpft. Essen kam für alle - von allen – aus den Rucksäcken auf den Tisch – das war kameradschaftlich und urig! Am letzten Tag - vor der Heimreise - ereilte uns ein Schneesturm. Mein Mann hatte den Vierjährigen auf dem Arm, der jammerte: *„Vati – ich friere an den Bart!"* Als ich unser Mädchen am Ortseingang Altenberg über eine große Schneewehe zog, klagte sie:
„Mutti – ich komme um!"
Solche Erlebnisse vergisst man nie.
Die werden immer wieder erzählt und belächelt...
Für alles, was nicht geschehen ist:
Danke!

Im Sommer – wir hatten ein Motorboot – waren wir Zelten – zuerst in Rathen, später viele Jahre in Teupitz – mit Bootsfahren zu den Berliner Seen.
Für die Winterferien konnte ich mehrmals Rückgabeplätze beim FDGB-Feriendienst organisieren, die nicht so gefragt waren, uns aber Erholung und Spaß brachten. Die Unterbringung war in Privatquartieren, die Verpflegung im FDGB-Ferienheim. Wir waren im Erzgebirge, im Thüringer Wald... Am liebsten haben wir Skiwanderungen unternommen, mit dem Ziel, in einer schönen Baude Rostbrätl zu essen oder Kaffee zu trinken.
Da gab es manchen kleinen Ski-Unfall ohne schwere Folgen. *Danke!*
Als die drei Großen verheiratet waren, sind wir mit der Kleinen, die dann schon Schulkind war, im Westerzgebirge, im Isargebirge gewesen und zuletzt in der Hohen Tatra: Wir sind 16 Stunden – über Nacht - mit dem Zug nach Poprad gefahren, hatten zusammen mit meiner Schwester und deren Mann ein Privatquartier bei einem freundlichen Ehepaar.

Wir fuhren jeden Tag mit der
Straßenbahn in eines der wunderschönen
Skigebiete. Einmal haben mein Mann
und ich in einem Sessellift einen hohen
Berg erklommen - oben war Nebel –
irgendwie bin ich die Abfahrt hinunter
gekommen. Meine Tochter, die bei
Tante und Onkel geblieben war, hatte
gehört, wie eine Frau sagte: *„Mit der
Bindung will die Frau da runter fahren?*
Unsere Ski waren schon Kunststoff-
beschichtet, aber nur mit Riemchen-
bindung, das war schon leichtsinnig,
zumal ich nicht wirklich sicher auf den
Brettern stand.
Auch da waren wir beschützt!

Also unsere Urlaube haben den Kindern
immer gut getan. Sie schwärmen noch
heute von der Freiheit vor allem beim
Camping. Die Kleine wurde schon als
Baby ins Boot in die Spitze gepackt.
Jahre später hat sie selber den
Bootsführerschein gemacht.
Sie wäre gerne mit den Geschwistern
aufgewachsen – aber wir haben das
Kinderkriegen nie geplant – so wie halt
ganz normale Familien!

So weit wie das Meer

Februar 1983, zwei Monate nach ihrer Silberhochzeit, nach jahrelanger Arbeit und Pflichterfüllung, erlebt die vierfache Mutter und treue Ehefrau drei Wochen unerwartete Freiheit am Meer. Noch Jahrzehnte später - wenn sie die Augen schließt - hört sie das Rauschen der Wellen, das Kreischen der Möwen, das Knirschen des mit einem Hauch von Schnee bedeckten Sandes...
Sie waren mit den Fahrrädern unterwegs am Strand von Zingst nach Prero...
Eine lustige Gruppe, die sich ungezwungen zusammen gefunden hatte beim Sport, beim Tanz, bei interessanten Gesprächen...
Drei Wochen Freiheit im Winter an der Ostsee erlebte sie wie im Traum...

Nach über 30 Jahren lese ich Briefe, die ich damals geschrieben habe.

Zingst, den 24.01.1983 BEH Elegante Ferienmode, Friedensstraße
Meine Lieben daheim! Bin recht gut in Zingst gelandet. Mein Koffer war auch schon da. Nachdem wir etwa 10 Minuten mit dem schweren Gepäck gelaufen und endlich im Heim waren, durften wir fast die gleiche Strecke zurück laufen und noch ein Stückchen weiter. Die Zimmer im Heim „Störtebecker" werden renoviert und so ist nur die Versorgung dort. Untergebracht sind wir alle in verschiedenen Objekten, dabei habe ich es in dem hübschen Heim des Berliner Betriebes „Elegante Haarmode" noch sehr gut getroffen. Einige Kurgäste sind sogar privat untergebracht. Ich bewohne mit einer Frau ein Zwei-Bett-Zimmer mit Sesseln und Waschecke. Auf unserem Gang sind prima Wasch- und Duschgelegenheiten mit Bügelstube und Haartrockenhaube. Im Clubraum ist ein Farbfernseher.
Wir waren heute, nach dem wir unsere Koffer ausgepackt hatten, zusammen mit den Bewohnerinnen des

Nachbarzimmers eine Tasse Kaffee trinken. Danach sind wir zum Strand gelaufen, aber leider lag die See ganz ruhig da. Wir glauben, dass es uns hier sehr gut gefallen wird.
Es sind zwei Fahrten ausgeschrieben, von denen ich aber nur eine mitmachen werde, nach Rostock mit Meeresschwimmhalle und den Sehenswürdigkeiten für 33,- Mark. Morgen früh ist Auftakt und wir erhalten Auskünfte über das Programm. Lt. Aushang sieht das Sportprogramm recht umfangreich aus. Hier gibt es auch eine Sauna, bin ja gespannt, ob ich das vertrage? Davon schreibe ich Euch nach dem ersten Sportprogramm mehr. Zum Abendbrot gab es Kaltes Büfett, welches sehr reichhaltig und vielseitig war. Mittags kann man aus vier Wahlessen wählen (nach dem gleichen Prinzip wie bei unserem Urlaub in Frauenwald). Ich wünsche Euch, dass Ihr gut zurecht kommt und bin in Gedanken immer bei Euch...
Eure liebe Frau und Mutti

Wir sind hier- altersmäßig - in drei
Sportgruppen eingeteilt. Ich bin in der
Zweiten, meine Zimmerkollegin (50) in
der dritten. In der Freizeit bin ich mit
Leuten aus der Ersten Gruppe
zusammen, die sind alle jünger, auch
lockerer, moderner, erfahrender...

Da ist ein Brief von meinem Mann, in
dem er schreibt, dass er eine Schallplatte
gekauft hat mit all den Schlagern,
nach denen wir - jung und verliebt –
getanzt hatten. Er schreibt:
*Sei noch einmal ganz lieb geküsst und
komme erholt und gesund wieder nach
Hause...*

„Prophylaktische Kur" das heißt:
„Lahrgang für gesunde Lebensweise"
und wir sollen das zuhause fortführen,
was ich mir auch vorgenommen habe!
Weiß nur noch nicht, was mein Chef
sagt, wenn ich ihm klar mache, dass ich
11 Uhr an die Elbe will zum
Wassertreten *lach
Man kann nur ganz kurz drin bleiben,
weil die Fußgelenke gleich ganz doll
schmerzen!

Da ist ein Brief, in dem ich schreibe:
*„Die Ostsee fasziniert mich täglich neu!
Gestern hat unsere Sportgruppe von
14.30 Uhr bis 16 Uhr eine ausgedehnte
Strandwanderung gemacht. Das
gleichmäßige Wellenschlagen ist
herrlich beruhigend und das Wasser ist
ganz wunderbar grün. Ich hab mir nur
den Horizont viel weiter vorgestellt. Es
scheint so, als könnte man rüber
schwimmen, aber das täuscht!
Heute früh war ich mal kurz nach einem
Ladenbummel allein am Strand, da hab
ich – weil es bisschen schlechte Sicht
war – einen Leuchtturm blinken sehen –
sicher von Stralsund?
Meine zwei Lieben, wir sollten unbedingt
mal zusammen an die See fahren.
Es muss herrlich sein, bei warmem
Wetter sich in die Fluten zu stürzen...
Ich hoffe, Ihr kommt gut zurecht...
Eine Woche ist ja fast um, und die Zeit
vergeht so schnell, dann bin ich wieder
bei Euch und kann alles erzählen...
Es ist wunderbar für mich! Gleich geht
es zur Pflichtwanderung...
Tschüs Eure liebe Frau und Mutti*

Meine Schwester schreibt in einem Brief
vom 28.01.1983
Meine liebe Kurpatientin!
*...Dein Enkelsohn hat ganz aufmerksam
gelauscht und große Äuglein gemacht.
Als er das von der Eröffnungsdisko und
der Tanztherapie gehört hat, hat er seine
kleine Pfötchen gerungen und als ich
sagte: „Das ist ja eine Großmutter", da
hat er zustimmende Töne von sich
gegeben – also denke an den Blutdruck
und bewege Dich altersgerecht.
Nutze nur alle Behandlungsmöglich-
keiten gut und mach Dir keine Gedanken
, denn Unsereiner kommt ja nicht gleich
wieder zur Kur, also es muss lange
anhalten!..."*

Und da ist eine Postkarte ohne Datum
von meinem Vater mit dem
Lenindenkmal – passt zu ihm *lach

*Meine liebe Tochter! Danke für Deinen
Kartengruß! Ich hoffe und wünsche Dir,
dass Deine Kur ein voller Erfolg wird
und Du alle Wehwehchen loswirst!
Herzliche Grüße und gute Heimkehr
Dein Vater...*

Ich glaube zu wissen, dass er dabei an meine Mutter dachte. Ich weiß ja nichts genaues. Eine Tante hat mal geäußert, dass meine Mutter zur Kur war, danach ein Brief von einem Mann kam (meine Mutter hat gesagt, dass da nichts war) Ich weiß es nicht!
Je mehr ich darüber nachdenke, desto sicherer bin ich, dass alles vorbestimmt ist. Die Zusammenhänge sind so offensichtlich: Am 24. Januar – dem Geburtstag meiner Mutter - fahre ich zur Kur ...Im Nachhinein ist mir klar, dass ich schon mit der Frage an meine Ärztin, ob ich nicht nach der Geburt von vier Kindern Anspruch auf eine Kur hätte, es darauf anlegte, zu tun, was mein Mann all die Jahre von mir dachte.
Instinktiv wollte ich mich für die unbegründete Eifersucht und damit verbundene unschöne Zeit rächen –
nur habe ich mir selbst damit am meisten geschadet...
Hawaianisches „Vergebungsgebet":
I love You – I am Sorry – Please forgive me – Thank You.
Ein Sandkorn kann eine Lawine ins Rollen bringen...Unaufhaltsam...

Das Silberkettchen

Aus einem verwirrenden Traum war sie erwacht mit einem unbestimmbaren Gefühl der Unruhe und Erwartung. Die Turmuhr der nahen Frauenkirche schlug die fünfte Stunde. Plötzlich wurde ihr bewusst, dass dies kein gewöhnlicher Tag war. Gleichzeitig dachte sie, dass es wohl besser wäre, nicht wegzufahren (eine Vorahnung?). Schnell sprang sie aus dem Bett, öffnete das Fenster weit und atmete die frische Morgenluft tief ein. Einige Streck- und Dehnübungen, danach eine prickelnde Dusche belebten sie vollends.
Mit besonderer Sorgfalt schminkte und frisierte sie sich, schlüpfte in das bereitgelegte helle Kostüm mit passender Bluse – ihr Spiegelbild sagte: „Perfekt!" Ein Rundgang durch die Wohnung mit der Feststellung, dass alles in Ordnung war. Ein Abschiedskuss auf das schlafende Kind. Ein Blick aus dem Fenster auf die zauberhafte Silhouette der mittelalterlichen Stadt: Zwischen den alten Häusern rauschte die Triebisch vorbei - ein Nebenfluss der Elbe - die

Hochwasser führte, ein Zeichen des nahenden Frühlings.
Es war im April im Jahre 1984
Auf dem Weg zum Bahnhof stellte sich Vorfreude ein. Schließlich hatte sie sich freiwillig zum Lehrgang für Grundstücksverwalter gemeldet.
"So ein bissel praxisbezogener Unterricht – der Rest ist Urlaub – was gibt es da zu überlegen?" Mit diesen Worten hatte ihre Chefin sie überzeugt.
Ihre Kollegin wartete schon auf dem Bahnsteig. Der Zug stand abfahrbereit! Sie stiegen in ein freies Abteil, verstauten ihre Reisetaschen im Gepäcknetz und kuschelten sich jede in eine Fensterecke.
Die Fahrt in das Elbsandsteingebirge war faszinierend. Hinter den Weinbergen der Lößnitz schob sich langsam, leuchtend rot, die Sonne hervor – einen schönen Tag versprechend... Hinter Dresden verlief die Bahnstrecke parallel zur Elbe, die sich naturbelassen durch das Tal grüner Wiesen schlängelte. Ein Schleppkahn - schwer beladen – tuckerte stromaufwärts, bald erblickten sie die Festung Königstein – das Ziel ihrer Fahrt.

Rosental, ein kleiner Ferienort, lag wenige Busstationen von Königstein entfernt Nach kurzem Fußmarsch erreichten sie das etwas versteckt liegende Ferienheim, welches außerhalb der Saison für Schulungszwecke genutzt wurde. Es war ein solider alter Fachwerkbau inmitten eines gepflegten Parks. Die Haustür stand offen, sie hörten, dass jemand eine Ansprache hielt – betraten einen Raum mit dem Türschild „Speisesaal"...
„Erfahrungsaustausch ist, wie sie alle wissen, die billigste Investition! Deshalb liebe Kolleginnen und Kollegen haben wir uns hier zusammen gefunden..."
Der Lehrgangsleiter, es war der Kombinatsdirektor der Gebäudewirtschaft Dresden, unterbrach seine Rede, begrüßte die Damen, wies ihnen zwei Plätze an dem einzigen freien Tisch zu, machte zwei Haken in einer Liste und bemerkte:
„Nun fehlen noch zwei Kollegen aus Görlitz!"
Die beiden Herren trafen in der Mittagspause ein. Sie betraten den Raum nacheinander, blieben in unmittelbarer Nähe der Tür stehen, sahen die freien

Plätze, zögerten einen Moment, bevor
sie diese einnahmen.

Der große blonde Jo und der kleine
dunkelhaarige Pit waren nicht nur
Kollegen sondern auch privat eng
befreundet. Weil es billiger war, fuhren
sie nur mit einem, mit Pits, Auto.
Unterwegs hatte sie eine Panne gehabt,
deshalb die Verspätung.
Chris hörte mit einem Ohr den
Ausführungen Pits belustigt zu, das
andere lauschte, ob nicht vielleicht ihr
Gegenüber irgendetwas Belangloses
sagen würde. Der Mann gefiel ihr –
seine scheue Art – wie er sie ansah aus
blauen Augen unter buschigen Brauen...
An einem geselligen Abend – sie tanzten
zu dem damals bekannten Schlager:
„Manchmal möchte ich schon mit dir..."
sagte Jo zu ihr:
*„Du könntest mir gefallen - wären wir
uns doch ein Jahr früher – nach meiner
Scheidung - begegnet..."*
*„Da war ich ebenso streng verheiratet
wie heute,"* entgegnete Chris, aber
die Wertschätzung, die sie durch diesen
Mann erfuhr, schmeichelte ihr.

Als Jo sie jedoch am letzten Abend einlud, mit ihm Essen zu fahren, bat sie ihre Kollegin und Pit, mitzukommen.
Es wurde ein lustiger Abend zu Viert.
Sie fuhren von einer Gaststätte zur anderen, weil die erste wegen Renovierung, die zweite wegen Urlaub geschlossen und erst die dritte geöffnet hatte. Sie saßen in einer Veranda, an einem stilvoll gedeckten Tisch mit Blumen und Kerzen.
Das Essen war vorzüglich, die Unterhaltung niveauvoll...
Im dunklen Zimmer saß Chris später am Fenster und schaute hinaus in die sternenklare Nacht.
„Morgen fahren wir nach Hause.
Jo hat mir seine Telefonnummer gegeben und mich gebeten, ihn im Betrieb anzurufen. Irgendwann wollen wir uns wiedersehen!"
Sie trennten sich nach dem Frühstück mit dem Versprechen, in Verbindung zu bleiben.
Auf der Heimfahrt dachte sie an Jo!
Er war geschieden, lebte wieder in einer Beziehung, wollte Pfingsten heiraten.
Warum wollte er mit ihr in Verbindung bleiben? Wollte SIE das?

Sie telefonierten mehrmals und
Jo schrieb ihr postlagernd aufmunternde
Zeilen. *„Mich mit dir treffen, dich zum
Essen einladen, mich mit dir unterhalten,
das möchte ich!"*
In einem Brief sandte er ihr ein silbernes
Kettchen mit einem Anhänger: Ein
Halbmond mit kleinem Stern.
*„Mond und Stern – unendlich fern, die
sich nur manchmal begegnen"*, hatte er
dazu geschrieben.
Sie trafen sich am sonnigen Himmelfahrtstag 1985. Chris fuhr mit dem Zug
nach Görlitz und dann mit Jo mit dem
Auto durch das Zittauer Gebirge. Sie
wanderten – Hand in Hand – wie Kinder;
unterhielten sich beim Essen in einer
Ausflugsgaststätte wie Erwachsene.

Beim Abschied sagten sie: *„Leb Wohl!"*
Auf der Heimfahrt im Zug - ihr war
entsetzlich heiß - sie riss sich den Schal
vom Hals und mit diesem das Kettchen,
es fiel zu Boden. Als sie es aufhob,
bemerkte sie, dass das Sternchen vom
Mond abgebrochen war. Da war ihr, als
würde eine kalte Hand sie berühren.

Ein ganz neues Leben
Oktober 1989

Meinen 50. Geburtstag feierte ich in Dresden. Meine neu eingerichtete Betriebswohnung gehörte zur Poliklinik Dresden-Löbtau. Dort war ich als Sekretärin des Chefarztes tätig. Mitunter gab es im Büro Anlass für einen kleinen Umtrunk - also ein Gläschen Sekt - an Geburtstagen. Am Vormittag hatte ich die Schrankwand im Arbeitszimmer meines Chefs geputzt (wir Angestellten hatten für unsere Büros keine Putzfrau, sorgten selber für Ordnung und Sauberkeit)...und bei dieser Gelegenheit eine Hydropflanze mit frischem Wasser aufgefüllt.
"Geben sie doch bitte mal die Gläser aus der Vitrine!" bat der Jubilar, er hatte die Flasche bereits geöffnet. Ich trat hinter den Sessel des Ärztlichen Direktors, der an der Schmalseite des Konferenztisches saß, öffnete die Schranktür, zog damit eine Ranke der Hydropflanze mit - der Blumentopf kippte - das Wasser ergoss sich über den Chefarzt
Alles kreischte!

Unsere Oberschwester kroch unter den Tisch. Der Kaderleiter brachte die Aktenmappe des Chefs in Sicherheit, die schon tropfnass war.
Nach dem ersten Schock lachten alle wie befreit, weil auch der Betroffene „Gute Miene" machte...Ich hätte in den Erdboden versinken mögen!!!
Am nächsten Tag erschien im Lokalblatt eine Karikatur: "Mann im weißen Kittel sitzt am Schreibtisch mit Efeuranken um die Ohren." Wer das verzapft hat, hab ich nie erfahren.

Ich bekam ein Nettogehalt von 1050 Ostmark, davon zahlte ich 50 Mark Miete und 10 Mark Telefongebühren an die Poliklinik. Ich hatte also ein gutes Auskommen.
Montags war ich immer mit der Straßenbahn zu meiner Schwester in die Innenstadt gefahren, nun musste ich laufen, weil keine Bahn fuhr. Ich erinnere mich noch gut, dass diese Demos mich beunruhigten.

Mit einem Freund bekam ich in dieser Zeit unüberwindliche politische Meinungsverschiedenheiten. Von ihm hatte ich eine Uhr geschenkt bekommen. Ich saß mit meiner Kollegin beim Frühstück, hatte eben den Entschluss gefasst, die Beziehung zu beenden und sagte es ihr – es war 10 Uhr!
Als ich abends in meine Wohnung kam, war die Uhr 10 Uhr! Stehen geblieben.

Zum Westen hatte ich erst nach der Wiedervereinigung eine Beziehung. Für mich kam die Wende rechtzeitig, weil zwei meiner Kinder einige Monate zuvor offiziell nach Karlsruhe übersiedelt waren. Das Weihnachtsfest 1989 konnten wir nun gemeinsam feiern. Ich war zum ersten Mal in meinem Leben im Westen und erfreut, dass meine Kinder schon Fuß gefasst hatten.

Im September 1990 begann ich selbst einen Neustart in Bayern. Mein Arbeitsplatz in der Poliklinik war infrage gestellt. Es war die Zeit der allgemeinen Verunsicherung.
Durch meinen zweiten Mann lernte ich Bayern und einige ferne Länder kennen.

Urlaub in Kroatien im Augus1994

Start: 4.00 Uhr in Starnberg
Ankunft Vodice gegen 19.00 Uhr

Fahrtroute: Salzburg – Radstadt – Klagenfurth – Lubljana – Rijeka – Zadar – Vodice

Obwohl ich wusste, dass in Kroatien Krieg war, hatte ich keine Angst sondern fühlte ich mich beschützt.
Wir unternahmen Ausflüge nach Split, Primosten(eine Perle!), zu den KRKA – Wasserfällen...
Mit Besichtigung der schwer beschädigten Stadt Skradin und der Frontlinie bei Drnis

Ansonsten war es ein Badeurlaub, wobei die Strände ungepflegt und voller Seeigel waren.
Die Hotels wurden vom Militär belagert.
Die Gastwirtschaft, in der wir Quartier nehmen wollten, war geschlossen, der Wirt, für den wir extra Bayerischen Leberkäs` mitgenommen hatten, war vor dem Krieg geflohen. Das erfuhren wir von Frau Todorov.

Diese empfängt uns sehr herzlich, nachdem sie total überrascht war. Das hätte sie nicht gedacht: Waldemar mit einer neuen Frau – die ersten Urlauber nach fünf Jahren!
Sie freute sich nicht nur des Geldes wegen, obwohl die Familie es nötig brauchte. (Durch den Krieg haben sie 80 TDM Einbuße /Jahr. Sie vermieteten vor dem Krieg zwei Ferienwohnungen und fünf Zimmer mit Frühstück).
Die moralische Seite unseres Besuches wiegt ebenso sehr! Die Nachbarn wollen es nicht glauben, dass Deutsche Urlauber sich nach Vodice wagen, alle grüßen freundlich.
Tici Todorovic richtet uns sogleich ein Zimmer im ersten Stockwerk des soliden Hauses her. Ihr Mann ist in Frankfurt, Geld verdienen. Er ist Bauingenieur.
Der Sohn studiert Medizin, die Tochter Biologie, ganz liebenswerte junge Menschen!
Sohn Jirschka trägt unser Gepäck nach oben. Es ist ein geräumiges Zimmer, praktisch eingerichtet mit Duschraum, WC und Balkon, alles sauber und relativ kühl, da die hölzernen Fensterläden tagsüber geschlossen bleiben. Alle Türen

und Fenster im Haus stehen offen, sonst wäre die Wärme unerträglich – wir kämpfen gegen die Mücken.
Abends sitzen wir mit Frau Todorov, Sohn und Tochter im Hausgarten unter einer Pergola.
Nachts schrecke ich aus einem Traum – *„Schießen die Soldaten?"* Der Sohn kommt ins Zimmer, beruhigt uns:
„Eine Hochzeit wird im Ort gefeiert, es waren Böllerschüsse!" Am nächsten Tag erfuhren wir, dass einige Touristen abgereist waren. Sie hatten geglaubt, die Kämpfe gingen wieder los.
Wir jedoch hatten absolut keine Angst – waren in Urlaubsstimmung!
Beim Frühstück erzählte unsere Vermieterin, dass auch ihr Haus schon Granatenbeschüsse abbekommen hatte. Sie zeigte uns durchlöcherte Matratzen und Beschädigungen am Haus. Sie war noch sehr beunruhigt, trotzdem mutig und resolut.
Während wir noch so saßen, bügelte sie im Freien ihre Wäsche und erzählte aus ihrem Leben:
„Wir wollen doch alle den Krieg nicht – was haben wir getan? Was können wir dagegen tun?" Sie weinte!

An einem Nachmittag – nachdem wir
den Vormittag über am Strand verbracht
hatten, fuhren wir mit Tici (so durfte ich
Frau Todorov nennen) nach Zadar, wo
ihre Schwester und Nichte wohnten.
Yvonna – eine schöne junge,
dunkelhaarige Kroatin – ihr Freund
wohnt in Split, servierte uns Kaffee,
erzählte, dass es seit Tagen nur täglich
eine Stunde Wasser und Strom gab.
Später führte sie uns durch ihre schöne
Stadt.
Wir saßen in einem Eiscafe – im Freien.
Gegenüber eine zerbombte Kathedrale –
überall Spuren der Zerstörung – überall
noch Sandsäcke vor den Häusern –
Man glaubte noch nicht an das Ende des
Krieges!
Ich sehe mir Fotos an – und die
Menschen sind mir noch vertraut:
Frau Tici, Yvonna und ich am Hafen, in
dem friedlich bunte Motorboote
schaukeln, beim Eis essen.
Ein Haus mit einem zerbombten Dach
Ein fantastischer Sonnenuntergang...

Den Abend verbringen wir in einem Pizza-Grill am Hafen von Vodice. Die Pizza ist köstlich, knusprig und saftig. Am Hafen herrscht geschäftiges Treiben. Es sind vor allem Urlaube aus Zagreb hier, aber auch aus ost- und westdeutschen Städten, das sehen wir an den Autokennzeichen. Im Yachthafen schaukeln Motor- und Segelboote. Der Platz , an dem mehrere Gaststätten geöffnet haben, war sauber – wurde allabendlich abgespritzt, dadurch war die Luft auch angenehm frisch.

An einem Abend lud uns ein Kroate, der in Hamburg lebt, auf sein Boot ein. Wir hatten ihn beim Abendessen kennen gelernt – ein wildfremder Mensch! Die Männer unterhielten sich – ich schaute über das Wasser – hin zum Ufer – durch illuminierte Beleuchtung eines Hotels wirkte alles märchenhaft – märchenhaft, dass ich an diesem Ort war! Unglaublich, dass ich mich sicher fühlte – beschützt!

Mit Tici fuhren wir zu den KRKA –
Wasserfällen: Wasserfälle – über
mehrere Stufen, auf denen Menschen
sitzen – lachen – planschen!
(auch sie glauben sich beschützt)
Auf der Rückfahrt zeigt sie uns die arg
zerstörte Stadt Skradin. Sie selbst ist so
erschüttert, dass sie sich übergeben muss
– hier hatten Verwandte von ihr gelebt!
Sie selbst war seit dem Krieg nicht mehr
hier gewesen und erkannte die Stadt
nicht wieder – grauenhaft! Auch hier
Sandsäcke vor den Häusern, da die
Bewohner an ein Ende des Krieges nicht
glauben, die Kampflinie liegt jetzt bei
Drnis.
In der Nähe von Drnis hatten die
Todorovic(es) einen Weinberg, den sie
nun schon fünf Jahre nicht mehr
bewirtschaften konnten – und ein Haus,
von dem sie nicht wissen, ob es noch
steht!
Ich habe Fotos:
Tici und ich an den Wasserfällen,
Waldemar und ich beim Lammessen in
einem reizenden Gartenrestaurant
Ich an einer Quelle – kühle mein Gesicht
Ein Hammel am Spieß...

Und dann Aufnahmen an der Kamplinie
bei Drnis - vor einem verrosteten Panzer.
Das mag manchen befremden, doch ich
meine, dass man die Augen vor der
Wirklichkeit nicht verschließen kann!
Neun Männer, Neun Frauen hielten hier
abwechselnd - tagelang „Mahnwache".
Sie wollten in ihre Orte, aus denen sie
vor den Serben geflüchtet waren,
zurück! Mir kam das alles so unwirklich
vor – wie in einem Film – *wieso hatte
ich keine Angst?*
Es war ein Urlaub besonderer Art.
Mit Interesse nahmen wir die
Schilderungen über das derzeitige Leben
in Kroatien in uns auf.
Dabei kam unsere Erholung aber nicht
zu kurz, vielleicht genossen wir diese
Tage bewusster –wir konnten ja zurück
in unsre heile Welt!
Die letzten Fotos zeigen einen
Autokonvoi an der Fähre, dort mussten
wir stundenlang warten, ich nutzte die
Zeit , Steine zu sammeln – Zeugen eines
unvergesslichen Erlebnisses –
Erinnerungen an ein unvergessliches
Land!

Mit dem Rad`l um den See

Gegen 9.00 Uhr war ich aufgestanden. Nach meiner Morgengymnastik und Bürstenmassage folgte eine erfrischende Dusche, danach – das Beste am Sonntag – ein duftender Kaffee und frisch gebackener Streußelkuchen. Der war so lecker, dass ich wohl ein Stückle zuviel gegessen hatte, ich fühlte den Drang, mich zu bewegen. Mit Jogginganzug und Sportschuhen bekleidet holte ich mein Rad aus dem Keller, prüfte den Reifendruck: „Okay!" Nach wenigen Minuten saß ich im Sattel.
Ich fuhr Richtung See. In Percha bog ich von der Hauptstraße ab und fuhr zur Strandpromenade. Diese war mit frischem Kies bestreut und menschenleer.
Über dem See schwebten graue Nebelschleier. Schnatternde Wildgänse und gurrende Tauben waren die einzigen Lebewesen ringsum an diesem Herbstlichen Vormittag.
Ich genoss die Stille, schaute über die glitzernde Wasserfläche bis hin zum Horizont, wo sich schemenhaft die Alpenkette abzeichnete.

Wenn sich der Nebel auflöste, konnte es ein goldener Herbsttag werden.
Plötzlich spürte ich das Verlangen, einmal rund um den See zu fahren – 54 km – ohne Geld? Ich hatte kein Regenzeug und nichts zu Trinken dabei!
„Ach was! – Morgenstunde hat Gold im Munde! Wer wagt, gewinnt!"
Nach und nach kamen die Hundebesitzer. Während ihre Lieblinge umhertollten, standen Herrchen und Frauchen am Ufer, schauten über den See - wohl ebenso wie ich – angetan vom Zauber der Umgebung!
Ich aber trat nun kräftig in die Pedalen, fest entschlossen, mein Ziel zu erreichen.
Die Strandpromenade endete, wo der private Grundbesitz begann. Einige Stufen führten hinauf zur Hauptverkehrsstraße, ich musste mein Rad`l hinauftragen, dort führte dann aber ein gut angelegter Fahrradweg bis zu Gemeinde Berg, wo ich erst einmal abstieg, das Rad schob, um mir in aller Ruhe die Gegend anzusehen. Vor dem Dorint-Hotel waren Gäste dabei, ihre wertvollen Lederkoffer in Luxuslimousinen zu verstauen.

„Wer hier Urlaub machen kann, ist kein Kleiner", dachte ich und „Wer in den prächtigen Villen wohnt mit riesigen Parks – hinter mannshohen Hecken versteckt - und eigenem Yachthafen - na ja, man weiß ja, dass am Starnberger See die meisten Millionäre wohnen." Das alles registrierte ich neidlos. Ich hatte Freude am Staunen und Bewundern; die Anerkennung für die Architekten und Landschaftsgärtner.
Ich stieg wieder auf mein Rad und fuhr nun durch ein Waldstück. Der Geruch nach Pilzen strömte aus dem Dickicht und zwischen Nadelhölzern und buntbelaubten Buchen
brachen flirrend goldene Sonnenstrahlen hindurch. In tiefen Zügen atmete ich die würzige Luft in meine Lungen und fühlte, wie mich das Leben durchströmte.
Ich war wie verzaubert von der traumhaften Umgebung und Stille um mich herum. Ich wünschte mir die Begabung, malen zu können und eine große Palette Farben.
Genug geschaut und geträumt, hinter mir hörte ich eine Gruppe Radler, ich schaltete den achten Gang ein und trat

kräftig in die Pedalen. Nun wollte ich bis Seeshaupt nicht mehr rasten!

Die Straße belebte sich, Autos flitzten vorüber, eine Gruppe Mountainbikefahrer mit Sturzhelmen und bunten Radleranzügen kam mir entgegen.
Die Ortschaften, durch die ich fuhr, machten einen sauberen gepflegten Eindruck. Immer noch blühten Geranien an den Fenstern und farbenprächtige Dahlien in den Vorgärten.

Die Kirchenglocken von St. Heinrich läuteten die zwölfte Stunde, als ich Seeshaupt erreichte. Es war in Etwa die Hälfte der Strecke, die ich zurücklegen musste. Ich lag also gut in der Zeit.

Die Sonne stand hoch am azurblauen Himmel, an dem sich wenige Schäfchenwolken abzeichneten. An dieser Stelle des Sees war das Ufer sumpfig und urwüchsig – ein Naturschutzgebiet! Einige Ruhebänke an einem schmalen Trampelpfad luden zum Verweilen ein, ich dachte:

„Warum sollte ich mir nicht eine Ruhepause gönnen?"

Ich legte die Arme um die Rückenlehne einer Bank, mir schmerzten die Schultern von der ungewohnten Sitzhaltung. Die abgenutzten Kniegelenke machten sich auch bemerkbar.

„Nur ein paar Minuten die Beine hochlegen, die Seele baumeln lassen", Hier bot sich dem Auge ein völlig anderes Panorama: Auf der spiegelglatten Fläche des Sees glitten Segelboote schemenhaft vorüber – ein Bild der Ruhe und des Friedens. Zwei weibliche Singles kamen vorüber - zünftig gekleidet, mit derbem Schuhwerk - streben sie dem nahe gelegenen Biergarten zu.

„Oh-weh!" Jetzt meldet sich mein Magen! *„Eine Weißwurscht mit Brez`n und a Maß Radler..."* dachte ich sehnsüchtig. Aber ich hatte kein Geld! Mir wurde mein Leichtsinn jetzt *schon* bewusst, es half aber nichts!

Also weiter ging die Fahrt! Ich las an einem Wegweiser: „Starnberg 23 km". Dennoch sah ich mich in St. Heinrich um: Auch hier jedes Häuschen eine kleine Sehenswürdigkeit. Weiße Raffgardinen vor den Fenstern und auch hier Geranien vom zarten weiß über Rosa bis hin zum kräftigen Violett. Ein etwas verwildert anmutendes Gelände war eingezäunt und kleine Holztore führten jeweils zu niedrigen Holzhütten. Es mutete an, als wohnten hier die Sieben Zwerge!
Da zu jeder Parzelle ein Bootssteg gehörte, war anzunehmen, dass es sich um ein Ferienobjekt für Wassersportler handelte.
Ich schob mein Rad und machte weitere Betrachtungen: Ein Terrassen-Café-Restaurant – eine Idylle für sich - direkt am Wasser! Ich im Jogginganzug und ohne Geld!
„Aufi geht's!" Hungrig und Durstig!

Die nächste Ortschaft war Seeseiten. Hier war das Ufer bebaut, Wald wechselte ab mit sumpfigen Wiesen.

Uralte Bäume – vorwiegend Buchen
neigten ihre schweren Äste bis zum
Boden. In einer kleinen stillen Bucht
lehnte ich mein Rad an eine Bank, ging
wenige Schritte zum Wasser, das hier
klar wie Trinkwasser über weiße
Kieselsteine rieselte.
Plötzlich erwachte in mir der Wunsch,
ein Bad zu nehmen. Ich sah mich um:
Kein Mensch weit und breit!

Schnell die Sachen abgestreift und
hinein in das erfrischende Nass!
Ojojoj – war das kalt! Ein paar kräftige
Züge – Unter mir dunkle Tiefe. Mich
schauderte plötzlich – nicht nur vor
Kälte! Etwas warnte: „Schnell zurück!"
Hinein in die wärmenden Hüllen –
gerade rechtzeitig: Es nahten Leute - ein
altes Ehepaar mit einem großen
schwarzen Hund, der auf mich zukam,
um mich zu beschnuppern.
„Keine Angst, der tut ihnen nichts!" rief
der Mann mir zu.
Im Näherkommen fragte die Frau*:*
„Ist wohl sehr kalt, das Wasser?"
Hatten sie mich beobachtet?

Wir wechselten ein paar Worte über das Wetter und den bevorstehenden Winter, dann verabschiedete ich mich und wünschte den netten Leuten einen angenehmen Nachmittag.
„Pfiati Gott!" erwiderten Beide wie aus einem Munde. Das konnte ich brauchen, denn nun hieß es wieder kräftig treten – gegen den inzwischen aufgekommenen Wind! Bald durchströmte mich wohlige Wärme *„Hoffentlich habe ich mich nicht erkältet? Ein bisschen verrückt bin ich schon!"* waren meine Gedanken.
Nun hielt ich mich nicht mehr auf. Ich fuhr wieder durch Wald. Später musste ich auf die Hauptstraße, da das Ufer bebaut war: Ein großes Hotel, dann eine Wassersportanlage. Doch immer wieder fand ich Wege, die zum See führten. Es war so schön, beim Fahren über das Wasser zu schauen. Meine Augen suchten das jenseitige Ufer, an welchem ich vor Stunden in entgegengesetzter Richtung geradelt war. Dann kam der Zeitpunkt, wo ich bemerkte, dass mein Rad sich sooo schwer fuhr – es lag wohl an meinen nun müden Beinen, die Kräfte ließen merklich nach!

Noch einmal stieg ich ab, um mir einen uralten Bauernhof anzusehen. Dort sah es ganz schön schlimm nach Arbeit aus und mich umwehte die sprichwörtlich „Gesunde Landluft". Ich schlenderte – mein Rad schiebend – die belebte Dorfstraße entlang. Die Wohnhäuser schienen hier an die Hundert Jahre alt zu sein. Aber auch hier an jedem Fenster der obligatorische Blumenschmuck. Hinter einer kleinen Fensterscheibe – fast zu ebener Erde – drückte ein niedliches Kerlchen sein Gesicht an die Scheibe und sah mich mit großen Kulleraugen an. Ich lächelte ihm zu und winkte im Weitergehen zurück.
Kinderaugen berühren meine Seele und ich dachte an meine eigenen Töchter und Söhne, die nun alle schon erwachsen sind – und so weit von mir entfernt!

Ich könnte eine Station mit der S-Bahn fahren? *Leider kein Geld für die Fahrkarte.*

Ich radelte nun auf der sehr stark befahrenen Fernverkehrsstraße und musste Acht geben.

In Starnberg bummelten Spaziergänger durch die Straßen - sonntäglich gekleidet.
Ich erreichte mit letzten Kräften die Ferdinand-Maria-Straße - mein Haus Nummer fünf - über den Hof - die Kellertreppe stolperte ich fast hinunter –
Geschafft!!!
Ich nahm ein heißes Bad, nach einer Stunde war ich wieder fit, setzte mich an die Schreibmaschine und schrieb:
DANKE dafür, dass ich einen ganzen Tag ohne Essen und Trinken – trotz ungewohnter Strapazen – unbeschadet überstanden habe!

.

Die Pressekonferenz
Dezember 1991

Wie jedes Jahr, hatte der Verlag R. S. Schulz in der Tagespresse wiederum zum dichterischen Wettstreit aufgerufen für das nun schon sechste Buch der „Starnberger Seeg´schichten.
Wenn ich auch keine Bayerin war – es leben ja sowieso mehr „Zugreiste" hier, so hatte ich doch schon meine Eindrücke gesammelt. Waldemar, mein zweiter Mann, hatte den Artikel entdeckt. Er war es, der mich von Sachsen weggelockt und mir halb Bayern auf herrlichen Autofahrten schon gezeigt hatte. Er ermunterte mich, meine bereits aufgeschriebenen Erlebnisse einzusenden, was ich auch tat.
Fast hatte ich schon nicht mehr daran gedacht und auch nicht geglaubt, dass der Verlag sich noch melden würde. Umso mehr war ich überrascht und erfreut über die Einladung:

*„Der Verlag R.S. Schulz erlaubt
sich, Sie anlässlich des
Erscheinens
der Starnberger Seeg´schichten,
Sechstes Buch,
zu einer Pressekonferenz in das
Strandhotel Berg einzuladen..."*

Die Einladung hatte mich in absolute Hochstimmung versetzt.

Es war der letzte Donnerstag im November.
Durch Arbeitszeitverlagerung konnte ich mich vom Büro freimachen, jedoch meine allmorgendliche Tour als Schulbusbegleiterin für Behinderte Kinder (ein Zusatzjob) konnte ich noch absolvieren. Ich hatte danach genügend Zeit für ein gemütliches Frühstück, um mich - ohne Hast – auf das außergewöhnliche Ereignis vorzubereiten.

Mit besonderer Sorgfalt schminkte und frisierte ich mich. Ich wählte ein graues Kostüm, dazu eine weiße Bluse – ein letzter Blick in den Spiegel – okay!
Da wartete auch schon mein Taxi!

Umgeben von einem dichten Waldgürtel liegt die Gemeinde Berg am jenseitigen Ufer des Starnberger Sees. Von der Strandpromenade am Ostufer aus bietet das Strandhotel einen zauberhaften Anblick. Im Sommer ist es mit dem Fahrgastschiff erreichbar, aber leidet ruht die Schifffahrt zu dieser Jahreszeit.

Vor dem Portal empfing ein Hoteldiener in klassischer Livree die geladenen Gäste. An der Garderobe gab ich meinen Mantel ab und stand etwas verloren inmitten einer illustren Gesellschaft: Betagte Herren umarmten aufgemotzte junge Damen, offensichtlich von Rang und Namen. Es waren die Sponsoren, die den Druck des Buches ermöglicht hatten – Münchner und Starnberger Geschäftsleute.

Einer der Herren wies mir einen Platz an einer noch freien Tafel zu.

Ich überbrückte meine Unsicherheit,
indem ich mich im Raum umsah:
Es waren mehrere ineinander
übergehende Galträume, holzgetäfelt,
mit weihnachtlichen Gebinden
geschmackvoll verziert. An den
Rückwänden der Eckbänke, die
gleichsam Nischen bildend, überall im
Raum standen, waren in Kopfhöhe
dreiarmige schmiedeeiserne Leuchter
angebracht, deren Kerzenschein eine
anheimelnde Atmosphäre schuf.
Die sehr festlich gedeckte Tafel zeugte
von einem sehr auserlesenen Geschmack
der Inhaber: Tischtuch und Servietten in
Rose, gediegenes Geschirr, silbernes
Besteck, Kerzen in silbernen filigranen
Leuchtern, Blumenschmuck und Gläser
für Sekt, Weiß- und Rotwein.

Meine Betrachtungen wurden
unterbrochen durch ein freundliches
„Grüß Gott!"
Eine vornehme Dame – mittleren Alters
– schwarz gekleidet – reichte mir über
den Tisch hinweg ihre behandschuhte
Rechte, an der ein Brillantring von etwa
drei Zentimeter Durchmesser glitzerte.

Ich habe zwar keine blasse Ahnung von echtem Schmuck, aber dass auch Ohrgehänge und Collier sehr wertvoll waren, glaubte ich spätestens dann, als ich ihren Namen hörte: Es handelte sich um die Witwe des Inhabers einer der größten Modehäuser Münchens, die von Sohn und Schwiegertochter begleitet wurde.
Die junge Frau strahlte eine Frische und ein Selbstbewusstsein aus, dass ich sie immer wieder ansehen musste. Sie war groß, blond und trug ein Tweedkostüm - der „letzte Schrei" der Saison - natürlich MINI! Sie konnte es sich leisten.
Wahrscheinlich aus dem gleichen Haus bezog die Gattin des Verlegers ihre Garderobe und auch die Moderatorin, Petra Schürmann – eine illustre Gesellschaft!

Die Plätze links neben mir nahm ein sehr sympathisch wirkendes Ehepaar ein.
Ich schätzte sie auf 55 bis 60 Jahre.
Einige Plätze an unserer Tafel blieben unbesetzt.
Ein Kellner bot Getränke an, ich wählte vorerst einen Orangensaft, meine Tischnachbarn bestellten Champagner!

Petra Schürmann eröffnete die Veranstaltung. Sie stellte die „Furtner Buam" vor, zwei junge Männer in Bayerischer Tracht, die mit Akkordeon und Gitarre „Boarische Musi" machten, eine angenehme Unterhaltungsmusik in gedämpfter Lautstärke.
Die Moderatorin dankte im Namen aller Anwesenden dem Konsul Dr. Schulz für die Einladung und stellte die Gäste vor: Honoratioren und Sponsoren!

Der Konsul selbst ergriff das Wort, begrüßte seine *„lieben Freunde"* und bedankte sich bei den Autoren für ihre Beiträge zu der Neuerscheinung der „Starnberger Seeg´schichten - Sechstes Buch".

„Der Verlag Schulz hätte für die Präsentation kein besseres Ambiente wählen können. Das Drehbuch schrieb die Natur selbst an diesem Spätherbsttag. Am Morgen noch nebelverhangen, schälte sich die Silhouette des Sees immer deutlicher heraus. Die großzügige Fensterfront des Restaurants im Strandhotel gab den Blick frei auf eine am Mittag

sonnenüberflutete Wasserfläche. Und der See zog sich als roter Faden durch das Programm..." konnte man in der lokalen Presse lesen.
Petra Schürmann sprach von dem Heimatgefühl der Menschen rund um den Starnberger See, welches in den Seeg´schichten lebendig werde.

Auf der Terrasse des Hotels – direkt am Wasser, wurden Fotos und Videos aufgenommen. (Eine Großaufnahme erhielt später jeder als Erinnerung zugeschickt.)

Wieder am Platz, fragte mich meine Tischnachbarin:
„Sie sind Mitautorin des Buches? Das muss doch ein erhebendes Gefühl sein?"
„Danke – ja natürlich, das ist es schon, aber ich habe erst angefangen zu schreiben!" antwortete ich.
Ich berichtete ihr von meinem Fernstudium an der Axel-Anderson-Akademie und wie mir das Niederschreiben aller Eindrücke und Erlebnisse über mein Heimweh hinweghalf, welches ich noch immer „pflegte".

Bayern war zu meiner zweiten Heimat geworden (das wurde mir viel später bewusst – als ich wieder in Sachsen ansässig war)

Inzwischen hatte der Konsul an Helmut Zöpfl und den Staatsschauspieler Karl Lieffen – stellvertretend für alle Autoren – je sechs Exemplare des Buches; hübsch verschnürt – überreicht. Mit seinen Worten : *"Die es sich eigentlich leisten könnten, die Bücher zu kaufen, erhalten diese geschenkt, die es sich nicht leisten können, müssen diese kaufen."*, sprach er mir aus dem Herzen. Ich dachte an meine große Verwandtschaft. Weihnachten war der beste Anlass, jedem ein Buch zu schenken, ich bestellte zehn Exemplare. (später habe ich Bücher nachgekauft – kleine Gastgeschenke für liebe Freunde!)

Nun bekamen alle anderen Autoren ein Buch als Geschenk überreicht. Gespannt suchte ich im Inhaltsverzeichnis nach meinem Namen – darunter stand:
"Die Radlpartie" und *"Mein erster Tag in Starnberg"*.

Ich schlug die betreffenden Seiten auf.
Es war ein eigenartiges Gefühl, den
eigenen Namen mit den dazugehörigen
Erzählungen gedruckt in einem Buch zu
finden!
Meine Tischnachbarn beglückwünschten
mich. Wir tauschten unsere Adressen
aus, sie haben mir tatsächlich
geschrieben und weiterhin Erfolg
gewünscht.

Es folgten einige „Kostproben" aus
unserem Buch:
Karl Lieffen rezitierte seinen Beitrag
*„Die Spielzeugschachtel des lieben
Gottes"*, wie er das Land um den
Starnberger See liebevoll nannte.
Er flocht ein Gedicht von Goethe ein:
*„Des Menschen Seele gleicht dem
Wasser: vom Himmel kommt es, zum
Himmel steigt es, und immer wieder zur
Erde muss es – ewig wechselnd."*

In der letzten Strophe heißt es:
*„Seele des Menschen – wie gleichst du
dem Wasser! Schicksal des Menschen –
wie gleichst du dem Wind!"*

Wie herrlich – wie treffend – ich nahm mir vor, einmal wieder Goethe zu lesen!

Professor Zöpfl steuerte zum Thema zwei kleine Gedichte bei:
„Zum Starnberger See fällt jedem fast glei - je nachdem, was er is - was anders halt ei..." begann das erste, und ebenso in bayerischem Dialekt geschrieben war auch das zweite Gedicht.

Alles Vorangegangene in den Schatten stellte aber der Vortrag von Rudi Gaugg, einem Bayerischen Original und Hotelbesitzer in Feldafing: „In der ihm eigenen Mundart, humorvoll mit Seitenhieben und Zweideutigkeiten trug er die Geschichte vor vom „Würmsee", der eigentlich Königssee heißen müsse, wo doch ein leibhaftiger König in seinem Wasser ertrunken sei."

Der Stadtpfarrer von Starnberg entschuldigte sich, dass er an diesem se(x)ten Buch keinen Beitrag habe, beim „Siebten Buch", das ja eine kirchliche Zahl wäre, würde er gern wieder mitwirken. Alle schmunzelten!

Die Moderatorin dankte den Rezitatoren für ihre Beiträge und wünschte „Guten Appetit" für das nun folgende erlesene Menü, zu dem wir Rotwein tranken. Das Ehepaar an meinem Tisch trank auf weiteren Erfolg für mich.
Als der Konsul mit Familienbildern an unseren Tisch trat, um das Ehepaar freundschaftlich zu begrüßen, stellte sich heraus, dass die Familien seit 16 Jahren befreundet waren. Sie schwärmten von der Hochzeit des Verlegers mit der um Jahrzehnte jüngeren Miriam und er zeigte Fotos von den zwei hübschen Kindern. *„Die Schönheit haben sie von meiner Frau"*, sagte der Konsul charmant. Während Kaffee und Weihnachtsgebäck gereicht wurde, sprach Miriam Schulz abschließende Worte: *„Ich bin überzeugt, es gibt noch viele ungeschriebene Geschichten – Schätze – die noch gehoben werden müssen."* Damit gab sie den Startschuss für das Siebente Buch der „Starnberger Seeg´schichten".
Auch im Siebenten Buch war eine Geschichte von mir abgedruckt:
„Die Roseninsel".

Der Erste Mai 1993

Die ganze letzte Aprilwoche war es sommerlich warm und sonnig gewesen. Wie der Arzt mir geraten, bin ich täglich - nach der Arbeit im Krankenhaus - geradelt - mal nach Berg - Kämpfenhausen, mal nach Mühltal.
Für den heutigen 1.Mai, der nun leider auf einem Samstag fiel und somit kein zusätzlicher Urlaubstag war, hatten wir eine Radtour geplant – genau so meine Kinder in Karlsruhe, die uns schon telefonisch einen schönen Feiertag gewünscht hatten und bei denen meine Gedanken weilten, als wir zwei in den sonnigen Tag starteten.
Waldemar fuhr vornweg, ich folgte ihm in gemessenem Abstand hinterher. Da ich erst am Freitag Augezeuge war, wie ein rücksichtsloser Autofahrer eine Radlerin angefahren hatte, war ich sehr vorsichtig und vermied es, im Autoverkehr zu fahren. Über jede Kreuzung schob ich mein Rad und fühlte mich erst sicher, als wir den Radfahrweg erreichten. Am Maxhof Pöcking vorbei fuhren wir in Richtung Söcking, Perchting und Landstetten.

Es waren einige Radler unterwegs mit
Mountainbikes und Rennrädern, mit und
ohne Schutzhelm, in bunten
Radlerhosen und luftigen T-Shirts.
Wir begegneten Wanderern und sahen
am Wiesenrand Pärchen sitzen, die
einfach nur den Sonnenschein genossen.
Wenn ich im ersten Gang langgezogene
Steigungen überwinden musste, spürte
ich die angespannten Bein- und
Bauchmuskeln und freute mich, etwas
für meine Gesundheit und Figur zu tun.
Ging es dann aber kilometerlang bergab,
ließ ich mir einfach nur den Wind um
die Ohren sausen und spürte Freiheit
pur! In Seewiesen liefen wir ein Stück
durch den Wald bis zu einem kleinen
See, der zum Max-Planck-Institut
gehört. Unter uns lag eine zauberhafte
Idylle: Am gegenüberliegenden Ufer war
ein Mann damit beschäftigt, Fische zu
füttern, von allen Seiten schwammen
Graugänse und Enten zu ihm hin.
Unser nächstes Ziel war Rothenfeld.
Auch hier stiegen wir vom Rad, um die
ländliche Atmosphäre zu genießen.

Dieses Gut ist ein landwirtschaftlicher
Betrieb, und nur die Gitter vor den

Fenstern eines Gebäudes ließen erkennen, dass hier eine Strafanstalt untergebracht ist. Das wollte mir irgendwie nicht in diesen herrlichen sonnigen Tag und die friedliche freundliche Stimmung passen. Ich war nahe daran, die Insassen zu bedauern, die von ihren vergitterten Fenstern aus diesen blühenden Maientag nur erahnen konnten. Der Bauer ging mit einem Eimer Futter über die Wiese, und schon kamen ihm junge, schwarz-weiß gefleckte Zicklein meckernd entgegen gerannt. In einem anderen eingezäunten Wiesengrundstück watschelten Gänse umher – auch diese noch sehr jung, das erkannte ich an dem weißlich-grauen Gefieder. Eine lustige Schar: Eine watschelte vornweg, die anderen immer hinterher. Der Gedanke, dass diese possierlichen Tierchen in wenigen Monaten in den Bratpfannen landen würden, wollte mir gar nicht gefallen. Wie gern hätte ich mir ein Zicklein mitgenommen, auf der Wiese vor unserer Terrasse im Erdgeschoss hätte diese gutes Futter gehabt.

Doch was würde meine Nachbarin wohl sagen? Wir mussten beide bei der Vorstellung lachen...
Den an uns vorüberrasenden Autofahrern sandte ich mitleidige Blicke nach. Sie sahen nicht die blauen Veilchen am Wegesrand, atmeten nicht den frischen Duft der blühenden Wiesen – und wie diese in Bayern blühen: Gelben Teppichen gleich breitet sich der Löwenzahn aus und wo das Gras gemäht ist , steht immer noch ein schmaler Saum dieser saftig leuchtenden kleinen Sonnen und erfreut das Auge all der Menschen, die den Sinn für die winzigen Schönheiten der Natur noch nicht verloren haben. Das vielstimmige Vogelgezwitscher um mich herum, die warme Sonne auf meiner Haut und die laue Luft, die mir entgegenwehte, nahm ich mit allen Sinnen wahr. Nichts von der ganzen mich umgebenden Schönheit entging meinen Augen. Da waren die leuchtenden Blumenrabatten in den Vorgärten der schmucken Bauernhäuschen. Auf einer Veranda hingen Betten zum lüften – in rot-weiß-karierten Bezügen – tatsächlich! Zünftig – einfach herrlich!

Dann überholte ich eine Radlerin. Ihr Töchterchen – vielleicht drei Jahre alt – trug auf dem blonden Lockenköpfchen einen Blumenkranz, so wie ich als Kind diese aus Wiesenblumen gewunden hatte. Erinnerungen...
Wir haben den Meisinger See erreicht. Der Biergarten ist besetzt von (nicht nur) sonnenhungrigen Bayern.
Der Wirt schreit über die Köpfe der Menge hinweg:
„Zwei mal Weißwurscht mit Salat, zweimal Schweinshaxe mit Kraut!"
Auch wir stillen unseren Hunger mit Weißwürschtl und Laugenbrezn, dazu a Radlermaß!
Wer hat denn da beim Lesen ein Pfütz`l unter der Zunge?
Unerwartet ziehen dunkle Wolken auf und schon fallen die ersten Tropfen. Wir können nicht weiterfahren, müssen unter einem Scheunendach Zuflucht suchen. Doch bald schon lässt der Regen nach. Als wir Söcking erreichen, hören wir Blasmusik. Doch wir fahren weiter geschwind...Erreichen Starnberg - erholen uns später auf der Terrasse – im Liegestuhl – der Tag war Klasse!!!

Im Ruhestand

Freitag, der 13. 10.1999
Heute habe ich meinen letzten freien
Arbeitstag: Ein halber Tag Überstunden
absetzen, ein halber Tag vom
Geburtstag, an dem ich statt bis Mittag
bis 17.30 Uhr gearbeitet hatte. Ab
morgen bin ich Rentnerin!

Ich sitze im IR 2566 von Nürnberg nach
Hof – an 14.26 Uhr – weiter geht es
14.42 Uhr ab Hof - an Dresden 18.30
Uhr.

Es geht mir gut – richtig gut!
Der Zug gleitet durch eine sonnige
Herbstlandschaft und die Schatten der
vergangenen Nacht sind verflogen!
Ich bin ein anderer Mensch wenn ich im
Zug nach Sachsen sitze – wenn ich in
Sachsen bin!

Meinen 60. Geburtstag feierte ich einmal
in Bayern mit der Hälfte der Familie, ein
zweites Mal in meiner Heimatstadt mit
dem anderen Teil der Familie.

*„Ob Osten oder Westen,
in der Heimat ist es am Besten!
Als Rentnerin - nicht mehr an den
Arbeitsplatz gebunden – meine zweite
Ehe gütlich beendet - kehrte ich zurück.
Nun, da ich Zeit habe, fehlt mir das Geld
zum Reisen! Mit meiner Altersrente - mir
fehlen acht Berufsjahre, die ich der
Erziehung meiner Kinder gewidmet habe
- kann ich keine großen Sprünge
machen, bin aber zufrieden und froh,
dass meine Kinder Hier wie Dort in
ihren Berufen tätig und gut versorgt
sind. Ich wünsche uns allen eine
Friedlichere Welt."*

    ...schrieb ich vor 15 Jahren!

15 friedliche Jahre – und nun?
Es sieht nicht gut aus in Europa!
Wir können nur Bitten und Beten,
Hoffen und Glauben!
Es ist in Ordnung, dass ich nach hause
geführt wurde. Mein zweiter Ehemann,
der kurz nach unserer Scheidung im
Ausland ums Leben kam, war ein
Mensch, mit dem man – wie man so
sagt, „Pferde stehlen konnte" – immer zu
allem bereit – ohne Rast und Ruh...

Das Jahrhunderthochwasser

Montag,12.08. 2002 – Weltuntergang??? Es regnet ohne Unterlass! Ich bin darüber sehr traurig, hatte ich mich doch so auf die Ausstellung *Dresdener Momente* im Stadtarchiv Dresden gefreut.
Ich telefonierte mit meiner Schwester:
„Vielleicht fahre ich 17.17 Uhr mit dem Zug bis Hauptbahnhof, von dort mit der Flughafenbahn bis Industriestraße, dann umgehe ich das Hochwasser - aber nur, wenn es dann hier nicht mehr regnet!"
Sie entgegnete besorgt:
"Bleib bei diesem Wetter ja zu Hause, du kannst nicht fahren. Hier regnet es den ganzen Tag schon und außerdem stürmt es dazu. Es fahren schon keine Bahnen mehr hier, weil alles unter Wasser steht in der Stadt. Sei vernünftig und mach es nicht!!! Die Meldungen sind weiter die ganze Nacht Regen. Es bringt nichts..."
Da wusste ich noch nicht, was in der Stadt vor sich ging, was in ganz Sachsen passierte!

Dienstag, den 13. August - Früh:
Ich wollte – entgegen jeder Gewohnheit – das Fernsehgerät eingeschalten, um zu sehen, wie sich die Wetterlage gestaltet – kein Strom!
Das bedeutete: Kein Kaffee etc. – das Telefon funktionierte aber noch, es klingelte:
„Kommst du mit – nachschauen, was unten los ist?" Mein Gartenfreund hatte gesehen, dass die Gardine zurückgezogen – ich also aufgestanden war.
Es regnete! Ich zog eine Windjacke mit Kapuze über, ein Schirm wäre bei dem starken Wind zwecklos gewesen. Wir beratschlagten:
„Gehen wir den kleinen Plossen hinunter und sehen, wie es in der Innenstadt aussieht oder über Lercha?"
Weder noch! Wir entschieden uns für den Goldgrund, eventuell konnten wir im Kaufland einige Lebensmittel einkaufen – für alle Fälle!
Wir kamen bis zum „Hotel Goldgrund." Dort staute sich der Bach. Ich watete hindurch, wurde in meinen Turnschuhen bis über die Knöchel nass!

Einige Schritte weiter blieb ich stehen und fragte erstaunt:
"Wieso ist die Triebisch so nah?"
Mein Begleiter stellte fest:
"Das ist die Hirschbergstraße!"
Natürlich – die Triebisch liegt ja hinter den Bahngleisen!
Das stimmte nun auch nicht mehr. Die Gleise lagen inmitten der Triebisch, konnte man meinen – die gesamte Bahnhofsanlage stand unter Wasser. Teilweise hatten sich die Gleise aus dem Bett gelöst. Das bedeutete, dass die Züge von Dresden nun am Hauptbahnhof Meißen endeten – wir sollten bald erfahren, dass auch dies nicht mehr zutraf, es kamen keine Züge mehr aus Dresden! Dort stand der Hauptbahnhof unter Wasser, wie meine Schwester mir telefonisch mitteilte.
Am Nachmittag war ich noch einmal allein in der Innenstadt gewesen. Der Theaterplatz stand unter Wasser – auch die Poststraße, die Neugasse. Auf der Elbstraße wurden die Gehwege gereinigt, hier war wohl das Wasser eben erst zurückgegangen. Die Feuerwehr war dabei, die Fußwege vom Schlamm zu säubern – und hatte einen künstlichen

Abfluss geschaffen. Die Wassermassen ergossen sich nun auf den Parkplatz am früheren Sägewerk, welches unterhalb des Parks beim Kändlerbrunnen liegt. Meine Schuhe versanken im Schlamm, als ich die glitschige Straße überquerte. In der Stehbierhalle lümmelten einige Arbeitslose, nebenan schöpfte eine Frau Eimer voll Wasser aus ihrem Laden. In den Geschäften standen die Türen offen, alle standen unter Wasser – und überall Schaulustige – überall Fassungslosigkeit! Ich machte noch einige Fotos von der Brücke aus - Elbauf- und -abwärts – Wasser so weit das Auge reichte!
Als ich nach Hause kam, war noch immer kein Strom da. Im Tiefkühlfach lag ein gefrosteter Karpfen. *„Wenn der auftaut, kann ich ihn morgen wegwerfen",* dachte ich und das hätte ich bedauert, da mein Sohn ihn geangelt hatte. Ich telefonierte mit meiner Tochter in Weinböhla:
„Habt Ihr Appetit auf Karpfen?" Sie sagte: *„Gern, wenn Du ihn zubereitetst!"*

Nun fuhr aber auch kein Bus mehr über die Brücke – das bedeutete, 20 Minuten zum Busbahnhof per Pedes, 20 Minuten warten – gegen 19.00 Uhr war ich endlich dort. In der Küche auf dem Herd kochten schon die Kartoffeln. Der Fisch war schnell zubereitet, musste aber im Ofenrohr garen. Es wurde spät mit dem Abendessen. So blieb ich über Nacht...
Wir verfolgten im Fernsehen bis Mitternacht die Berichte über die landesweite Katastrophe – desgleichen am nächsten Tag zwischen Frühstück und Nachmittagskaffee.
Ich hatte meiner Tochter die Bügelwäsche aufgearbeitet und fuhr zufrieden nach Hause – voller Ungewissheit , was mich erwarten würde. Ein Brief der Hygieneärztin hing im Hausflur mit dem Hinweis, kein Leitungswasser ungekocht zu verbrauchen. Trinkwasser würde flaschenweise am Brückenkopf und anderen Stellen der Stadt ausgegeben. Aber der Strom war da!
Ich hatte warmes Wasser, konnte ein Bad nehmen und dachte an die Hochwasseropfer, die irgendwo in Turnhallen campierten .

In solchen Zeiten lernen die Menschen wieder das BETEN!
"Danke für Deinen ausführlichen Bericht", schrieb ein Bekannter aus Franken.
„Ja, das sind die Folgen, wenn der Mensch der Natur Gewalt antut und ihr Siedlungsgebiete abtrotzt, die - wegen ihrer Gefahrenlage - als solche gar nicht geeignet sind. Deutlichstes Beispiel der letzten Jahrzehnte: der (vergebliche) Kampf der Niederländer gegen die Nordsee. In dieses Thema hinein gehören auch sogenannte "Flussbegradigungen" oder Kanalisierungen, wie sie ja auch im großen Stil an Elbe und Donau geschehen sind oder an der Isar oder (in der Südschweiz) an der Rhône. Und exakt dort rächt sich der Fluss. Vielleicht sind einige Betonköpfe jetzt weich geworden. Zu wünschen wär's."
Ich antwortete:
„Ich wurde heute durch Glockenleuten munter - klang wie Sturmglocken - ich bin so erschrocken, dass ich mich früher als sonst angezogen habe und den Konsum gelaufen bin, um erst einmal unter Leute zu kommen und mir ein paar

*Lebensmittel zu besorgen, man weiß ja nicht, wie es weitergeht? ...Es ist hier oben auf meinem Berg ruhig, als sei nichts geschehen. Ein Förster hat sich in unsere Diskussion eingeschaltet und ich las: „Sach **s** en sind zu ersetzen", was mich schockierte, merkte aber gleich meinen Fehler: Er hatte geschrieben* **"Sachen"!**
(Was doch ein einzelner Buchstabe für Unheil stiften kann)
Auch hier scheint die Sonne. Ich setze mich auch auf mein Rad, hoffentlich komme ich in den Garten durch?
Habe von meinem Schwiegersohn Pflanzen, damit will ich mein Blumenbeet bissel neu gestalten. ...werde mich dann irgendwann heute Nachmittag oder Abend wieder melden. Also dann bis später - Stromabschaltung kann jeden Moment passieren, deshalb verabschiede ich mich schon mal - hoffen wir auf bessere Zeiten!
Wenn das nicht die Sintflut ist, werden wir schon mal wieder etwas voneinander hören - ansonsten in einem anderen Leben!?"

Pausenlos fliegen die Hubschrauber!
Meine schöne Stadt ist nicht wiederzuerkennen!
Es wird Jahre dauern, bis diese Schäden beseitigt sind...
In den Stadtbezirken werden Wasserflaschen ausgegeben, da das Trinkwasser nicht mehr sauber ist. Ich habe sechs Liter! Aber wenn der Strom weg ist, kann ich nichts mehr kochen, nicht einmal Kaffee oder Tee. Im Garten habe ich Propangas, aber dorthin wird wohl Morgen oder heute Nacht der letzte Weg auch abgeschnitten sein. Ich war heute noch einmal oben.
Aber ich bin wenigstens in Sicherheit.
Viele Menschen sind schon in Schulen und Turnhallen evakuiert - schrecklich!!!

Auf meinem Abendspaziergang schaute ich an der Aussicht vorbei.
Dort standen Anwohner und diskutierten über die missliche Lage der Bewohner entlang der Elbe.
Am gegenüberliegenden Ufer versank die Erdgeschosszone der „Residenz" mit den umliegenden Wohnhäusern immer mehr in den Fluten!

Meine Freundin, die in der Residenz ihr
Büro hat, war telefonisch nicht
erreichbar. Ich wollte helfen!
Aber WIE – WO?

Am Montagvormittag fuhr ich mit dem
Fahrrad in die Stadt. Dort herrschte ein
aufgeregtes Treiben.
Die Aufräumarbeiten - nach der ersten
Flutwelle durch die Triebisch - waren in
vollem Gange. Auf dem Schulhof
schaufelten Schüler der oberen Klassen
Schlamm und Schotter – ebenso auf der
Straße. In allen Hauseingängen entlang
der Triebisch wurde geschrubbt, überall
das Geräusch laufender Pumpen. Ich
fühlte mich in weißen Schuhen und
Stadtkleidung regelrecht fehl am Platze!
Die Eisenbahnbrücke war für den
Fußgängerverkehr freigegeben, man
konnte wieder auf die rechte Elbseite,
das war das Signal!
Nach dem Mittagessen radelte ich los –
in Caprihosen und festen Schuhen!
Auf dem Parkdeck der „Residenz" war
die Feuerwehr dabei, die Tiefgaragen
auszupumpen, man vermutete noch zwei
PKW`s darin.

Im Treppenhaus, welches nach Elbfisch roch, begegnete mir meine Freundin. Sie kam aus dem, was mal ihr Büro war – vollbepackt mit Akten, die sie in die vierte Etage bringen musste. Sie begrüßte mich erfreut:
„Ich wollte Dich morgen anrufen, ob Du mir beim Schreiben helfen kannst", sagte sie. Ich entgegnete:
„Erst einmal helfe ich beim Räumen!"
Ich betrat den Flur und versank im matschigen Teppichbodenbelag! Die Wände waren bis in halbe Höhe braun – erschreckend der Anblick der noch vor kurzem geschmackvoll eingerichteten Arbeitsräume, die schon leergeräumt waren bis auf Kleinkram. Umgestürzt lagen schlammiggraue Palmen und sonstige Pflanzen vor den Fenstern. Alle Gegenstände, die nach oben getragen wurden, mussten abgewaschen werden. Dabei half ich nun.
Das Wasser musste vier Treppen nach unten getragen werden, da die Sanitärzellen nicht mehr benutzt werden durften. Der Mann meiner Freundin und ihre Söhne waren im Katastropheneinsatz.

Ihre Kollegin und deren Mann halfen mit, das neue Büro einzurichten.
Es war nur ein Raum - jedoch sehr groß, hoch und hell, weil er vier Fenster hatte, so dass vor jedes ein Schreibtisch gestellt werden konnte. Die Büroschränke waren unversehrt **vor** der Flut in Sicherheit gebracht worden, sie standen an Ort und Stelle.
Während des Räumens und Putzens war ein ständiges Kommen und Gehen von Mietern der Erdgeschosswohnungen ihres Einzugsbereiches, in dem - Glück im Unglück - nicht alle Wohnungen vermietet waren. Nun holten sich die geschädigten Familien Schlüssel ab zur Besichtigung, suchten eine passende Wohnung, in der sie bleiben wollten. Niemand hatte vor, wieder zurückzuziehen. Unvorstellbar, was da auf meine Freundin und ihre Mitarbeiter an Arbeit zukam: Alte Mietverträge lösen, Neue abschließen, Versicherungsfälle bearbeiten etc...! Bewundernswert deren Fachkenntnisse die Bausubstanz betreffend, als sie zum Beispiel erklärte, dass in allen betroffenen Wohnungen und Büros die Fußböden herausgebrochen werden

müssten, da das Dämmmaterial, wenn es durchweicht, seinen Zweck nicht mehr erfüllt. Mit Umsicht und Ruhe erteilte sie Anweisungen, wie die Möbel am zweckmäßigsten aufzustellen waren. Zwischendurch klingelte ständig ihr Handy: Mieter mit Anliegen, die sie geduldig registrierte. Nur einmal reagierte sie etwas heftig:
„Frau..., nehmen sie es mir bitte nicht übel, aber ihr Problem ist im Moment mein Geringstes. Haben sie keine Verwandten, die Ihnen mal eine Pappe vor das Fenster nageln können, der Schaden wird schnellstens behoben, aber nicht mehr heute! ..."
Als sie aufgelegt hatte, holte sie tief Luft und erzählte – nun schon wieder lachend – den Sachverhalt: Die alte Frau hatte zu spät auf sich aufmerksam gemacht, als die Feuerwehr die Tür nicht mehr aufbekam.
Es musste eine Fensterscheibe eingeschlagen werden, um sie aus der Wohnung, vor dem Wasser zu retten!

Im Treppenhaus waren noch weitere Büros am Umziehen...

Unter anderem auch kurioserweise die
WASSERWACHT!

Ich hörte so ganz nebenbei die schaurigsten Geschichten aber auch Erfreuliches: Ein Kleinunternehmer war mit der erforderlichen Technik aus Regensburg gekommen und hatte im Triebischtal Keller ausgepumpt.
Ich fühlte mich wohl – so mittendrin – mal wieder im Büro. Wir saßen zwischendurch auf ein Schwätzchen an einem runden Beratungstisch. Nebenbei erzählte meine Freundin, dass sie ihre Schwiegereltern aus Magdeburg evakuieren mussten. Diese lebten jetzt bei ihr, wie auch ihre eigenen Eltern!
Gegen 18.00 Uhr verabschiedete sie sich, sie musste zum nächsten Einsatzort: Miethäuser an der Triebisch – sie wurde von den Geschädigten schon erwartet – neue Probleme.
Probleme ohne Ende, dazu die Sorge: „Wer soll das alles bezahlen?"
Schlaflose Nächte für eine starke Frau aus Sachsen!

Zu Hause angekommen, schaltete ich sofort den PC ein, schrieb meinen Hochwasserbericht ins Forum.

Umgehend bekam ich mehrere E-Mails aus den Alten Bundesländern:

"Hallo…Als ich eben Deinen Bericht las, hatte ich das Gefühl, mittendrin zu sein. Ich möchte auch gerne spenden, aber nicht in den großen Topf. Der Sache trau ich immer nicht so recht, weil mir da zu viel für die Verwaltung draufgeht. Wenn, dann richtig an den Ort, wo es hin soll und nicht in irgendwelche Taschen. Da habe ich die gleiche Bitte, wie „Omi". Mach dich doch mal schlau und lass es uns wissen. Danke im Voraus"

*„Danke, liebe … für Deinen Bericht. Vielleicht hast Du auch Beispiele, wo dringend Hilfe nötig ist… alleinstehende Frau mit Kind oder ähnlich.
Es gibt Menschen, die Spenden möchten, aber auch gern direkt! Familien, Pflegeheime, Kindergarten und ähnliches. Kannst Du das ausfindig machen? Herzlichst „Omi"(Forumname)"*

Ich antwortete:
"Danke - es tut gut, wenn man das Elend sieht, Menschlichkeit zu spüren!"

21.August
Wieder bin ich mit dem Fahrrad im Triebischtal unterwegs. Dort laufen die Aufräumarbeiten auf Hochtouren: Bagger und LKWs bringen Sand und Kies zur Befestigung der Straßen und Gehwege.
Es ist die Entrümpelungsaktion des Jahrhunderts. Auf den Straßen ist ein Dreck, dass man nicht atmen kann. Ich spreche vor den Häusern Mieter an, auf welche Weise sie betroffen sind, ob sie in ihren Wohnungen bleiben. Sie sagten, sie sind versichert. *"Die Versicherung zahlt ja aber nicht gleich!"*
Den Heimweg wählte ich über Lercha. Entlang des Weges stehen schmucke Einfamilienhäuser, deren Bewohner schauen auf kleine Häuschen, die unten am Bahndamm stehen – im Hochwasserschlamm!
Auf halbem Wege unterhalten sich zwei Frauen: Eine weint, während sie das Schicksal einiger betroffener Familie schilderte.

Wo heute Leute zusammenstehen, ist das Thema das Hochwasser!

Ich bleibe stehen, mische mich ins Gespräch und erzähle von der Hilfsbereitschaft , die mir im Internet begegnet ist.
Die eine Frau, eine Lehrerin, fordert mich auf, mich mit in ihren Garten zu setzen.
Sie berichtet über die Schrecken der vergangenen Tage: Sie mussten zusehen, wie unter Ihnen die Häuschen in den Fluten versanken - das Lebenswerk der Menschen, die nun vor dem Nichts stehen! Ihr Mann kam hinzu, brachte eine große Tasche schmutzige Wäsche, die sie für die Betroffenen waschen wollte – Nachbarschaftshilfe!

Am Abend wieder tröstende Worte von Freundinnen im Forum...
„Hallo liebe ...
...danke für Deinen Tagesbericht; es ist schön was Du tust und vor allem sehr hilfreich. Es ist immer recht unbefriedigend, wenn man bei so etwas zuschaut. Da kommt einem die eigene

Hilflosigkeit erst so recht zu Bewusstsein."

"...Es sieht ja in meiner bayerischen Heimat zumindest nicht ganz so trostlos aus, wenn ich die Bilder aus Augsburg, Burghausen oder Passau mit denen aus Sachsen vergleiche. Trotzdem gibt es natürlich auch hier genügend bittere Einzelschicksale. Vor zwei Stunden habe ich das in einer Sendung des Bayerischen Fernsehens recht deutlich gesehen. Bei Deinen Hilfsaktionen wünsche ich Dir weiter einen guten Erfolg..."

Ich gab Adressen an die Freundinnen, die mir geschrieben hatten weiter, sollten sie sich direkt mit den Betroffenen in Verbindung setzen. Eine Pensionsbesitzerin wollte eine betroffene Familie einladen, sich dort zu erholen. Es war wenig, was ich tun konnte, dennoch spürte ich „*Die Freude, die wir geben, kehrt ins eigene Herz zurück!*"

Und ich betete – wie bestimmt viele Menschen – für die Betroffenen...

**Der Tod
greift nach meiner Generation**

Dresden, den 28.05.2003

„Ich bin nur in das Zimmer
nebenangegangen. Ich bin, ihr seid.
Was ich für euch war, bin ich noch.
Gebt mir den Namen, den ihr mir immer
gegeben habt, sprecht mit mir, wie ihr es
immer getan habt.
Gebraucht nicht eine andere Lebensweise,
seid nicht feierlich oder traurig.
Lacht weiterhin über das,
worüber wir gemeinsam gelacht haben.
Ich bin nicht weit weg,
nur auf der anderen Seite des Weges."
(Fritz Reuter)

Die nächsten Angehörigen hatten jeder ein langstielige weiße, grünumrandete Rose mit einem großen Blatt und anderem Grün gebunden – mit einem tröstenden Spruch mit weißem Lockenband angehangen – das war mal etwas ganz anderes. Die einzelnen Rosen hat die Bestatterin nach der Urnenbeisetzung so angeordnet, dass sie alle Blumengestecke überragten.

Ich, als Schwägerin, hielt eine kurze Gedenkrede mit einleitenden Gedichten:

„Der Tod ist doch etwas so Seltsames, dass man ihn, ungeachtet aller Erfahrung, bei einem uns teuren Menschen nicht für möglich hält und er immer als etwas Unglaubliches und Unerwartetes eintritt. Er ist gewissermaßen eine Unmöglichkeit, die plötzlich zur Wirklichkeit wird. Und dieser Übergang aus einer uns bekannten Existenz in eine andere, von der wir auch gar nichts wissen, ist etwas so Gewaltsames, dass es für die Zurückgebliebenen nicht ohne die tiefste Erschütterung abgeht."
(Johann Wolfgang von Goethe)

und

„Ihr sollt nicht um mich weinen.
Ich habe ja gelebt.
Der Kreis hat sich geschlossen, der zur Vollendung strebt.
Glaubt nicht, wenn ich gestorben,
dass wir uns ferne sind.
Es grüßt euch meine Seele als Hauch im Sommerwind.
Und legt der Hauch des Tages am Abend sich zur Ruh', send' ich als Stern vom Himmel euch meine Grüße zu..."
(Hans Kreiner)

„Lieber Schwager, den letzten Tag – die letzte Nacht werden wir niemals vergessen. Ich habe mit deiner lieben Frau deinen Schlaf bewacht, dann bist du leise gegangen. Sorge dich nicht! Wir werden zueinander stehen, bis auch wir eines Tages diesen Weg gehen".
Ich war sehr gefasst und ehrlich gesagt, befreit von der Sorge um meine Schwester, die viele schlaflose Nächte am Krankenbett ihres geliebten Mannes verbracht hatte und mit den Nerven am Ende war.
In jener letzten Nacht hatte ich mit meiner Schwester am Krankenbett gesessen. Ihr Mann war ganz ruhig und friedlich entschlafen. In der Hand hielt er einen kleinen „Schutzengelteddy", den seine Nichte, meine jüngste Tochter, ihm bei ihrem Besuch gegeben hatte:
„Er soll dich beschützen!"
Mein Glaube, dass nur der Körper stirbt, der Geist aber im Universum erhalten bleibt, hat mir eingegeben, das Fenster weit zu öffnen, als ich sah, dass das Leben aus dem Körper gewichen war.
Ich tat dies mit gutem Gefühl und sagte leise: *„Friede deiner Seele!"*

Silvester 2006

Am 31.12., 15.45 Uhr schrieb ich:
„Wie ist mir heute zumute???
Irgendwie flau!
Meine liebe Cousine - Gestern wollte ich sie noch besuchen.
Intuitiv rief ich telefonisch eine frühere Kollegin an, die in der gleichen Seniorenwohnanlage - auf dem gleichen Gang wohnte:
„Hallo, ich besuche dann meine Cousine, würde gern auf ein Schwätzchen zu Dir kommen!"...
Ich spürte, dass etwas nicht stimmte, als sie sagte:
„Ja, schön, komm nur, aber hast du denn nicht gehört...?"
Nein, ich hatte die traurige Nachricht noch nicht erhalten. Nun erfuhr ich es von ihr:
„Deine Cousine ist gestern gestorben!"
Ich besann mich nur kurz und sagte:
„Ich komme trotzdem!"

Ich lief den Goldgrund hinunter – an der Triebisch entlang, ich mag diesen Weg...

Meine frühere Kollegin, obwohl über 80 Jahre alt, sah wie immer gepflegt und nett aus. Wir begrüßten uns herzlich. Bevor ich mich jedoch auf ein Schwätzchen bei ihr niederließ, klingelte ich beim Sohn meiner Cousine. Er öffnete, schien gefasst...
Seine Mutter hatte am 30.12. noch mit ihrem Mann gefrühstückt, dann war sie in ihrem Rollstuhl ins Bad gefahren... Kurz und schmerzlos hatte sie dort der Tod ereilt.
Der erste Arzt diagnostizierte einen Schlaganfall. Vier Stunden lag sie im Bad, bevor der zweite Arzt endgültig die Diagnose stellte: „Lungenembolie!"

Ich war dann noch bis 14.00 Uhr bei meiner ehemaligen Kollegin, bevor ich langsam meinen Heimweg antrat. Zuhause habe ich mir die restlichen Kartoffeln vom Vortag gebraten, ein Glas Wein getrunken, eben noch einen Kaffee gebrüht und den letzten Mandelstollen verzehrt. Es dunkelte langsam, ich habe schon Lichter angezündet – das Jahr neigt sich dem Ende zu...

Meiner Cousine wünsche ich Selige
Ruh` – und weiß, dass sie bei mir war,
bevor ihr Geist – wohin auch immer –
entflohen ist.
Noch einmal überdenke ich den Schreck
vom Vorabend, dem 30. 12:

Ich saß im Wohnzimmer – las ein Buch
– da hörte ich im Flur ein Geräusch, als
sei etwas zu Boden gefallen.
Ich schaute nach und sah, dass meine
weiße Kachel mit dem Bild des Zehrener
Kirchleins, die sie mir einmal geschenkt
hatte, am Boden lag – zerbrochen!
Vor der Kachel hatte ein schwerer
blauer Kristallleuchter gestanden – **der
stand unverändert!**
Wäre die Kachel gerutscht, hätte sie den
Leuchter mitgerissen!
Konnte sie darüber fliegen?

Ich glaube – auch was ich nicht sehe!

Weitere geist(er)hafte Erlebnisse hatte
ich 2004...
Ich betreute wochenweise den Haushalt
eines Patienten, der nach Kinderlähmung
an den Rollstuhl gebunden - dessen Frau
an Krebs gestorben war...

Im „Forum für Senioren"

hatte ich die Einladung zu einem Treffen im Ludwigsburger Schloss gelesen. Der Polioverein suchte Betreuer für gehbehinderte Menschen.

In der ersten Woche geschah Seltsames: Der Gästebereich war im Haus vom Wohnbereich des Patienten durch einen Flur getrennt. Bevor ich schlafen ging, knipste ich immer alle Lampen aus – auch im Wohnzimmer! Zweimal ist es passiert, dass plötzlich im Wohnzimmer das Licht anging!
Wenn wir spazieren fuhren, holte ich sein elektrisches Fahrzeug aus der Garage – vor die Haustür, damit er einsteigen konnte – und brachte es auch wieder zurück. Eines Nachmittags war das Fahrzeug in der Garage nicht zu bremsen, ich fuhr unsanft gegen die Tür, die in den Garten führte. Wäre sie nicht abgeschlossen gewesen - es ging steil abwärts zum Gartenteich...
Die Tochter des Patienten, der ich die Vorkommnisse erzählte, sagte: *„Meine Mutti hat nur nachgeschaut...sie ist froh, dass Papa versorgt ist!"*

DER ERSTE ADVENT 2008

Wie die Zeit doch schnell vergangen ist,
die liebe Zeit, die Wunden heilt!
Vielleicht machen das die
Schneeflocken, die sanft auf die Erde
rieseln und alles Laute ersticken?
Auf dem Strauch vor meinem Fenster,
der mit einem Hauch von Weiß
überzogen ist, hüpfen kleine Meisen
herum und ich meine, sie schauen
herein...
Wundern sie sich über die alte Dame, die
am frühen Morgen am Computer sitzt,
statt ihre Wohnung zu putzen!
Die Frau hat keine Eile!
Die Arbeit läuft nicht weg, wohl aber die
Gedanken, die wollen festgehalten sein,
ehe sie sich verflüchtigen...
Wobei, die Gedanken sind immer in ihr
– mal lauter, mal leiser...
Sie ist zu der Erkenntnis gekommen,
dass das wahre beständige Glück wohl in
der Pflichterfüllung liegt, dass eine
Mutter vor allem anderen **für die
Familie dazusein** hat; und wenn sie das
mit Freude tun kann, dann **ist das
wahres Glück!**

Die Advent- und Weihnachtszeit ist die Zeit der Erinnerungen und der Erste Advent ein Tag, an dem die Familie beim Vater eingeladen ist. Das ist Tradition seit Jahren schon – seit ihm die Frau davongelaufen war – die Frau, die nun schon lange wieder in seiner Nähe wohnt und sich kümmert...
Es ist dann wie früher, als die Kinder klein waren. Auf jedem Tisch dreht sich eine seiner selbstgeschnitzten Pyramiden; die Feuerzangenbowle verbreitet einen verführerischen Duft. Die Flamme, die den Zuckerhut verbrennt, züngelt um diesen herum – geheimnisvoll...
Um den Couchtisch herum sitzen Vater und Mutter mit Kindern und Schwiegerkindern, sofern sie im Lande sind...
Die Enkelkinder mit ihren Familien, die sich schon auf den selbstgemachten Kartoffel – und Heringssalat freuen, den der Opa nach traditionellem sächsischen Rezept selber zubereitet hat, sitzen am großen Esstisch, die Urenkel – sofern im Lande - auf der Eckbank.
So war es auch im vorigen Jahr.

Die Frau war auch im vorigen Jahr dabei gewesen, ging aber eine Woche später ein letztes Mal allein auf Reise...
Am 14. Dezember war sie mit einem Freund auf dem Weihnachtsmarkt in Berlin gewesen. Er hatte ihr einen Stern aus Glas gekauft, der in allen Farben leuchtete – nur einen Winter lang. Es liegt nicht an den Batterien, die hat sie ausgewechselt – nein, der Stern ist auf seltsame Weise erloschen – so wie immer etwas entzwei ging, wenn eine Verbindung endete!
Das bewirken Energien im Universum... Daran glaubt sie!
Samstags ist ihr Hausputztag, am Nachmittag wird sie einen Spaziergang unternehmen. Sie hat keine Langeweile, klagt nicht wie Frauen ihres Alters über Einsamkeit.
Sie wird am Sonntagvormittag ein kleines Mittagessen zubereiten für sich und ihre Schwester. Die Schwester ist kinderlos und sozusagen die „Dritte Oma" der Enkel. Auch ihr Glück liegt – seit dem Tod ihres Mannes – in der Pflichterfüllung. Für die Schwester hat sich die Frau – aus Dankbarkeit für vielfältige Hilfe – eine Überraschung

ausgedacht: Als Nachtisch zu dem bescheidenen Reiseintopf mit Hühnerfleisch wird es „Mohnklöße" geben – ein Gericht, dass die Schwestern nur aus ihrer Kindheit kennen, ihr Vater, Schlesier, hatte es jedes Jahr zum Heilig Abend zubereitet: In Würfel geschnittenes Weißbrot – schichtweise mit Mohn in eine Schüssel geben und mit heißer Milch überbrühen...
Als Kinder haben sie es geliebt!
Auch die Schwester ist – wie jedes Jahr mit eingeladen bei ihrem Schwager. Sie freut sich auch auf die Enkel...

Gemeinsame Erinnerungen sind das, was eine Familie zusammenhält!

Himmlischer Schutz bei Autounfällen

Mit 130km/h in eine Regenwand – Aquaplaning – Überlebt!
Start 15.00Uhr
Bei der wundervollen Musik von CD „Barcelona" Meine Tochter – auf dem Beifahrersitz - schlummerte ein wenig – im Rückspiegel sah ich ihr entspanntes Gesicht , es wirkte so kindlich! Sie hatte eine arbeitsreiche Woche hinter sich – dazu den Haushalt und die Reisevorbereitungen. Ich war völlig entspannt, betrachtete die bizarren Wolkenformationen am weiß-blauen Himmel – zwischendurch regnete es mehr oder wenig – ich hielt ständig meine Hände gefaltet und betete...
Von weitem sah ich ein gelbes Schild: <Zwickauer Mulde>. Gerade noch hatte die Sonne geschienen...
Plötzlich – aus heiterem Himmel – EIN WOLKENBRUCH!!!
EINE WASSERWAND nahm meinem Schwiegersohn vollends die Sicht...Scheibenwischer an - SCHRECKSEKUNDE!!! Der schwer beladene Mazda wirbelte herum wie ein Boot im Sturm!

Meine Tochter, als Beifahrerin, war total ruhig, sie sagte später, sie hätte das wie in Zeitlupe erlebt und nur gedacht:
„Jetzt ist die Fahrt zu Ende!"
Ich hatte ein Empfinden:*„NEIN, das kann nicht das Ende sein*!"
Der Wagen krachte einmal vorn – ein zweites Mal hinten – gegen die Mittelleitplanke – Motor aus!
Neustart!
Der geübte geistesgegenwärtige Fahrer schaffte es – nach einem Blick zurück....quer über die Bahn – von der linken auf die rechte Spur – und blieb am Randstreifen stehen...**Und plötzlich war wieder Leben auf der Autobahn**!!!
....so schlimm, dass wir nicht gleich aussteigen konnten, noch im Auto also **Anruf beim ADAC**, sofort zu kommen – inzwischen fand sich eine Lücke, das Auto zu verlassen, ein Warnkreuz aufzustellen...
...und dann sahen wir uns an – umarmten uns und konnten es nicht fassen:

„Wie konnte es sein, dass „eine gefühlte Ewigkeit" kein Fahrzeug gekommen war? Hatten unsere Engel den Verkehr gestoppt?"

Ich denke nach über mein Unterbewusstsein - nach dem Ereignis am Freitag bin ich immerzu am Denken...
„Hat mich mein Unterbewusstsein am Donnerstag geführt? Ich kam vom Frisör - lief über die Brücke - da sah ich die Tür zu der Begegnungsstätte (wo ich früher öfter hinging, aber schon länger als ein Jahr nicht mehr war) offen stehen Irgendetwas sagte: *"Geh` hinein!"*...
Ich wurde mit HALLO begrüßt - verlebte einen entspannten Nachmittag. Man wünschte mir einen schönen Urlaub und eine Freundin sagte:
„Komm gesund wieder - und schau mal wieder rein!"
Hätten mich meine Engel nicht beschützt - wäre ich nicht wieder gekommen, hätte man wohl gesagt:
"Wie schön, dass SIE noch ADIEU gesagt hat..."

„Unser Schutzengel hat immer alle Hände voll zu tun. Keine Zeit, um seine Flügel einmal richtig auszuruh`n..."
(singt ein bekanntes Gesangsduo vortrefflich)

„...wenn mal wieder alles gut ging, wissen wir sehr wohl, warum: Unser Schutzengel hatte wieder alle Hände voll zu tun" (leicht abgewandelt)

So ein schöner Spätsommer – und immer noch liegen so viel Äpfel und Birnen, die nicht verderben sollen...
Mutter und Tochter sind unterwegs – haben Picknick dabei – erst einmal wollen sie ihre Beutel mit Obst füllen – Kaffee trinken hat Zeit...
Sie überqueren eine Fernstraße – die ist frei von Verkehr – sie sind schon fast drüber – da gibt es einen Knall – Schrecksekunde!
„Was war das?"
Die Tochter sagt später: *„Das Auto ließ sich von mir nicht mehr lenken!"*
Bevor sie sich recht besinnen konnten, war es – über einen Straßengraben – ohne umzukippen - auf einem Acker gelandet – mit der Front zur Straße. Es war, als hätten unsichtbare Hände das Fahrzeug zuerst gedreht und dann rückwärts eingeparkt.

Beim Aussteigen bemerkte die Mutter auf der Beifahrerseite, dass ihr Airbag den ganzen Sitz aufgeschlitzt hatte – aufgegangen war er nicht - sie hatte nichts gespürt!
Da kam ihnen der Unfallverursacher auch schon entgegen – total freundlich – sie umarmten sich. Er meinte:
„Es ist nur Blechschaden, der ist zu ersetzen, wobei ich mir ein neues Auto auch nicht leisten kann – aber wir sind unverletzt – das ist das Wichtigste. Sie haben sicher mein Fahrzeug in einem „toten Winkel" nicht gesehen (es war auf einer Allee)...
Wir wunderten uns sehr, dass er so freundlich war, wenn er doch glaubte, wir seien Schuld?
Die herbeigerufenen Polizisten konnte die Ursache nicht klären – auch sie waren sehr freundlich. Einer schaute auf das Warnschild und meinte: *„ 70 km/h sind wohl bei Regen gedacht?"*
Erst zuhause – nachdem sich der Schrecken gelegt hatte – dachte ich:
„Wir haben beide das Auto nicht gesehen – also war da keins! Also war er weit weg!

Wenn er mehr als 70 km/h gefahren ist, war er rasant schnell da und hat uns gerade noch am Rand der Fahrbahn erwischt...?
Es steht für mich außer Frage, dass wir hier beschützt waren.

Und wieder naht die Weihnachtszeit

In der vergangenen Nacht ist Schnee gefallen – es ist nicht „der Schnee von damals", an den sie sich so gern erinnert; aber auch dieser Schnee hüllt die Welt in einen Zauber und in ihr ist wieder dieser eine Wunsch:

„Frieden für meine Familie – Frieden für unsere Welt!"

Bitten – Beten – Danken Wir!

**Ich war im Osten – ich war im Westen
In der Jugend da war `s am besten!**

Welche Zeit in unserem Leben tatsächlich die Beste war, können wir wohl erst sagen, wenn wir uns verabschieden von dieser schönen Erde. Wenn ich meine bisherigen Lebensabschnitte betrachte, stelle ich fest: Jede Zeit hatte Höhen und Tiefen. Das Beste waren und sind meine Kinder, das Nächstbeste wohl alles, was ich aus eigener Kraft für mich erringen konnte.

Veröffentlicht bisher:

R.S. Schulz-Verlag Berg,
In den Starnberger Seeg`schichten,
Sechstes Buch 1991:
„Mein erster Tag in Starnberg"
„Die Radlpartie"
Siebentes Buch 1992:
„Die Roseninsel"

Nationalbibliothek des dt. Gedichtes,
München, Anthologie-Ausgabe 1997:
„Zu Spät" (Gedicht)

G. Mast, Schömberg, Anthologie 1993:
„Ein Traumurlaub"

Stadtarchiv Dresden:
„Als ich noch ein Kind war"

R. G. Fischer Verlag Frankfurt/Main,
Weihnachtsanthologie 2002:
„Weihnachten im Wandel der Zeit"

Ev. Akademie Meißen, in
„Ein Fisch im Vogelhaus":
„Wenn alles ins Wasser fällt"

Impressum

2015, Chris Burg
Herstellung und Verlag
BOD - Books on Demand, Norderstedt
ISBN: 978-3739209692